Alfons Heuermann

Marita Krützkamp

Selbst-, Methoden- und Sozialkompetenz

Bausteine
für die Sekundarstufe II

Cornelsen

SCRIPTOR

www.cornelsen.de

Bibliografische Information
Die Deutsche Bibliothek verzeichnet diese Publikation in der
Deutschen Nationalbibliografie; detaillierte bibliografische Daten
sind im Internet über http://dnb.ddb.de abrufbar.

Dieses Werk berücksichtigt die Regeln der reformierten Rechschreibung
und Zeichensetzung.

6.	5.	4.	3.	2.	Die letzten Ziffern bezeichnen
12	11	10	09	08	Zahl und Jahr der Auflage.

Redaktion: lüra – Klemt & Mues GbR, Wuppertal
Umschlaggestaltung: Bauer + Möhring, Berlin,
unter Verwendung einer Zeichnung von Klaus Puth, Mühlheim
Satz: stallmeister publishing, Wuppertal
Druck und Bindearbeiten: Clausen & Bosse, Leck
Printed in Germany
ISBN 978-3-589-21698-7

Inhalt

Vorwort

In zahlreichen Schulen haben sich in den letzten Jahren Kollegien, Schülerinnen und Schüler und deren Eltern auf den Weg zu einer „guten" Schule gemacht, indem sie neue Unterrichtsformen entwickelt und praktiziert haben. Ein Merkmal findet sich in fast allen Modellen und Schulprogrammen wieder: Lehrer unterstützen ihre Schüler nicht nur beim fachlichen Lernen, sondern darüber hinaus bei der Entwicklung einer umfassenden Lernkompetenz. Das beginnt schon in der Grundschule und setzt sich fort in den Jahrgängen der Sekundarstufe I. Eine Reihe von Schulen haben inzwischen stimmige Konzepte für einen sukzessiven Aufbau von Lernhaltungen und -methoden entwickelt. Abwechslungsreiche Unterrichtsmaterialien, speziell auf die Lernsituation in der Sekundarstufe II zugeschnitten, sind allerdings noch selten. Mit den vorgelegten Bausteinen für einen Unterricht zur Entwicklung der Selbst-, Methoden- und Sozialkompetenz wenden wir uns an Kolleginnen und Kollegen, die nicht in den Chor der Klagen über immer schlechter werdende Schüler einstimmen wollen, sondern die gegebene Lernsituation als Herausforderung für sich selbst annehmen. Wir möchten zeigen, wie Selbstverantwortung, Methodenbewusstsein und kooperatives Lernen in der Oberstufe gefördert werden können. In den Fachunterricht mühelos zu integrierende Materialien sollen dazu anregen, methodisch variantenreich das Lernen zu lehren.

Es gibt inzwischen eine umfangreiche wissenschaftliche Literatur zum Lernen des Lernens. Das Literaturverzeichnis gibt Auskunft darüber, welche Schriften und Gedanken uns bei der Arbeit an den Unterrichtsbausteinen unterstützt haben. Letztlich sind aber die Hilfen oft wertvoller gewesen, die wir von Lehrern erhalten haben, die ihrerseits Unterrichtsmaterial für ihre Lerngruppen entwickelt haben. Wir danken hier besonders unseren Kolleginnen und Kollegen der Sekundarstufe II der Integrierten Gesamtschule Aurich-West, die uns Material zur Verfügung gestellt und uns vielfältige Anregungen gegeben haben. Vor allem ohne den Austausch mit Peter J. Klein, der als damaliger Beratungslehrer zu den Initiatoren des Unterrichts im Lernenlernen an unserer Schule gehört hat, wäre diese Veröffentlichung nicht denkbar gewesen. Zu danken haben wir auch den Kolleginnen und Kollegen, die uns auf Fortbildungsveranstaltungen immer wieder durch kritische Fragen und ihre eigenen Erfahrungen dazu gebracht haben, unsere Bausteine der Unterrichtswirklichkeit in der Sekundarstufe II verschiedener Gymnasien in unterschiedlichen Bundesländern weiter anzupassen.

Jedes Unterrichtsmodell ist im Schulalltag der Oberstufe mehrfach erprobt. Es ist aber erwünscht und nötig, das Material auf die jeweilige Lerngruppe zuzuschneiden. Hier sollte sich jeder Lehrer – trotz der angebotenen Verlaufsplanungen – viel Freiheit nehmen. Man braucht Geduld, bis Unterricht zum Lernenlernen an einer Oberstufe selbstverständlich geworden ist. Es gilt aber auch hier die bekannte Erfahrung, dass Menschen dazu neigen zu überschätzen, was sie in einem Jahr erreichen können, aber zu unterschätzen, was in mehreren Jahren zu verändern ist. Damit das gelingt, sollten Lehrerinnen und Lehrer, die Lernkompetenz zum Thema ihres Unterrichts machen, sich über ihre Erfahrungen austauschen und bewährte Unterrichtsbausteine weiterreichen. Dieses Praxishandbuch lädt dazu ein.

Wegen der besseren Lesbarkeit verwenden wir nicht durchgehend die männliche *und* weibliche Schreibweise. Wenn wir also von Lehrern und Schülern sprechen, sind selbstverständlich die Lehrerinnen und Schülerinnen immer in gleicher Weise angesprochen und gemeint.
  Über Rückmeldungen, Anregungen, Verbesserungsvorschläge, Kritik, Ergänzungen und Anfragen freuen wir uns.

Kontakt: www.igs-aurich.de

Alfons Heuermann   *Marita Krützkamp*

Einführung: Lernkompetenz entwickeln

Jedes aktuelle Schulprogramm formuliert als Ziel das selbstverantwortliche, methodisch bewusste und kooperative Lernen von Schülerinnen und Schülern. Die Forderung findet sich seit beinahe zwanzig Jahren in fast allen didaktischen Veröffentlichungen. Wenn von Anforderungen im Studium oder Berufsleben gesprochen wird, ist die Rede von den entsprechenden Schlüsselqualifikationen schon fast zur Floskel verkommen. Nicht nur der Bildungserfolg einzelner Schülerinnen und Schüler, sondern auch der Erfolg des gesamten Bildungssystems wird inzwischen daran gemessen, wie es gelingt, Kompetenzen im Lernen zu entwickeln. Guter Unterricht hilft, Einstellungen, Kenntnisse und Fähigkeiten zu fördern, die notwendig sind, damit Schülerinnen und Schüler sich den Lernstoff aneignen können. Darin scheinen sich alle einig. Aber:

Lernkompetenz muss im Unterricht der Sekundarstufe II noch stärker systematisch gefördert werden.

In der gymnasialen Oberstufe werden die entsprechenden Lernfähigkeiten häufig als selbstverständlich vorhanden vorausgesetzt. Oder es wird angenommen, dass die Schüler die Methoden des Lernens und Arbeitens durch die Anwendung im Fachunterricht gewissermaßen nebenbei erwerben. Die Erfahrungen von Lehrerinnen und Lehrern im Schulalltag zeigen aber, dass es auf diesem Gebiet Probleme gibt.

Für den Fachunterricht eines jeden Lehrers ist es eine große Hilfe, wenn das grundlegende überfachliche Methodenwissen der Schüler in einem Jahrgang oder einer Schulstufe einheitlich ist. Eine Systematisierung des Lerncurriculums schafft dann Freiräume, fachspezifische Methoden mit den Schülern einzuüben. Mit den vorgelegten Unterrichtsbausteinen kann vieles, was an einer Oberstufe an unterschiedlichen Stellen bezüglich der Lernkompetenz bereits trainiert wird, aufgegriffen und zu einem Curriculum verknüpft werden. Der Schlussteil dieser Einführung bietet dafür Vorschläge.

Manchmal kann einzelnen Schülern auch durch gezielte Ratschläge im lernmethodischen Bereich oder durch ein individuelles Lernprogramm geholfen werden. Schüler und Eltern erwarten häufig genau diese Art von Unterstützung. Sie kann kurzfristig im Sinne einer Krisenintervention durchaus erfolgreich sein, besonders bei aktuell brisanten Schwierigkeiten oder kurz vor Prüfungen, wenn langfristige Programme nicht (mehr) helfen können. Der Buchmarkt hält dafür ein umfangreiches und immer weiter expandierendes Angebot für Schüler, Eltern und Lehrer bereit.

Die Bausteine zur Lernkompetenz in diesem Praxisband setzen aber einen anderen Akzent:

Lernkompetenz zu entwickeln und zu optimieren ist eine Aufgabe der gesamten Lerngruppe.

Die Materialien unterstützen Lehrerinnen und Lehrer, die mit ihren Schülern systematisch das Lernen des Lernens in Kursen oder Klassen der Sekundarstufe II weiterentwickeln wollen. Wenn Lehrer lernmethodische Fragen mit der ganzen Gruppe bearbeiten, nehmen sie die Schüler als Menschen ernst, die in ihrer bisherigen Schulzeit schon vielfältige Lernerfahrungen gesammelt haben und über ihre persönlichen Lernwege reflektieren können. Das beugt auch der latenten Gefahr vor, angebliche „Problem"-schüler zu stigmatisieren. Überdies lehrt die Lernpsychologie: Wenn Schüler sich gegenseitig von erfolgreichen Lernmethoden überzeugen, wirkt das nachhaltiger, als wenn ein vermeintlicher Lernexperte – sei es Lehrer oder Lernprogramm – ihnen allgemeine Einsichten zu vermitteln versucht.

Lernkompetenz zu entwickeln bedeutet, sich auf eine veränderte Schüler- und Lehrerrolle einzulassen.

Lernmethodische Reflexionen und Trainings gehen davon aus, dass der Schüler letztlich sein Lernen selbst reguliert. Diese Sicht hilft, die Selbstständigkeit der Schüler in der gymnasialen Oberstufe weiter zu fördern und eine veränderte Lernkultur aufzubauen. Zum einen befreit sie den Lehrer von der – oft unausgesprochenen – Zuschreibung, (allein) verantwortlich für den Lernerfolg der Schüler zu sein. Zum anderen weist die moderne Didaktik immer deutlicher darauf hin, welchen Anteil die Schülerinnen und Schüler selbst am Prozess des Lernens haben (vgl. REICH 2006). Jeder Lernende verknüpft Lernmotive, Kenntnisse, Einstellungen und Fähigkeiten auf individuelle Weise mit dem Fachwissen. Das Wissen um diese Verknüpfung und die Steuerung des eigenen Lernens helfen, auf Schülerseite ein positives Selbstkonzept zu entwickeln. Der Lehrer behält selbstverständlich die Verantwortung für die didaktischen Entscheidungen und muss die notwendige Verbindlichkeit des Lernens auch gegen gelegentliche Widerstände der Schüler sichern, aber er kann nicht bewirken, dass die Schüler wirklich etwas lernen, sondern sie „nur" pädagogisch und fachlich professionell bei ihrem Lernen beraten und begleiten (vgl. MEYER 2004, S.168). Die gewonnene Selbstständigkeit der Schüler im lernmethodischen Bereich entlastet den Lehrer und schafft Zeit für fachliches Lernen im Unterricht.

Selbstkompetenz

Eine ausgeprägte Selbstkompetenz ist die Basis für die erfolgreiche Entwicklung von Lernstrategien.

Es ist eigentlich selbstverständlich, wird in zahlreichen Ratgebern zum Lernen des Lernens aber dennoch nicht genügend beachtet: Allgemeine und für jede Person gültige „Zauberformeln" für erfolgreiches Lernen gibt es nicht. Eine starke Betonung der Selbstreflexion kann den Unterricht im Lernenlernen davor bewahren, zu einer Methodentechnik zu verkommen, die nur kleinschrittig methodisches Vorgehen normiert. Jede Art einer schematischen Anwendung von Tipps, seien sie noch so gut gemeint, hilft Schülern nicht, insbesondere dann nicht, wenn sie Lernprobleme haben. Nie sind es nur die Methoden und auch nie nur die Inhalte (Aufgaben, Anforderungen, Themen, Sachfragen), die in den Blick genommen werden müssen, wenn Lernen optimiert werden soll. Immer geht es auch um den Schüler selbst als Lernenden, um seine Einstellungen und Haltungen, also um selbst reguliertes Lernen. Im Unterricht der Sekundarstufe II von Bedeutung sind in diesem Zusammenhang vor allem Handlungskompetenzen, die in der Sekundarstufe I grundgelegt werden, aber im Blick auf das Abitur, ein Studium und beruflichen Erfolg oder auch Management-Qualifikationen weiter geschult werden müssen:
- Übernahme von Verantwortung für das Lernen
- Professionalisierung der individuellen Lernstile und -strategien
- Selbstmotivation
- realistische Zielplanung
- Lust auf Neues und Innovationsbereitschaft

- Bewältigung von Prüfungssituationen
- Managen des Zeitbudgets

Eine so verstandene Selbstkompetenz vereinigt kognitive und affektive Lernfähigkeiten. Sie zu schulen ist Teil des in den Schulgesetzen aller Bundesländer formulierten Auftrags der Persönlichkeitsbildung in der Oberstufe. Es handelt sich um ein langfristig angelegtes Ziel. Der Erfolg wird sogar während der Schulzeit nicht in allen Fällen zu überprüfen sein, sondern sich erst später in außerschulischen (Lern-)Situationen oder im Studium und Beruf zeigen.

Methodenkompetenz

Eine fundierte Methodenkompetenz stellt das Handwerkszeug für eine erfolgreiche Schullaufbahn bereit.

Schülerinnen und Schüler, die bereitwillig lernen und sich viel Wissen aneignen, die engagiert sind und viel Zeit für schulisches Lernen investieren, bleiben manchmal ohne Schulerfolg. Mitunter liegt es daran, dass sie auf eine falsche Art an die Aufgaben herangehen und dann möglicherweise noch vom Falschen zu viel tun. Im Lernen kompetent ist, wer seine Kenntnisse und Energien mit den richtigen Methoden einsetzt.

Für die Arbeit in der gymnasialen Oberstufe lassen sich eine Reihe von Methoden benennen, die auf dem in den vorhergehenden Schuljahrgängen der Sekundarstufe I erworbenen Methodenwissen (vgl. REALSCHULE ENGER [Hg.] 2005 und KLIPPERT 2007) in der Art eines Spiralcurriculums aufbauen, die aber die Schüler vor alters- und stufenspezifisch neue Anforderungen stellen. Wesentlich und für viele Schüler häufig schwierig sind Strategien der Wissensaufnahme und -verarbeitung auf folgenden Gebieten:

- Verstehen von fachlich und sprachlich komplexen Sachtexten
- Dokumentation und Präsentation von Datenmaterial
- selbstständiges Erschließen von Themen und Aufgaben
- Verarbeiten von Sekundärliteratur
- qualifizierte Unterrichtsmitschriften und mündliche Mitarbeit
- Auswendiglernen
- Präsentationstechniken und Vorträge
- Entwickeln von kreativen Problemlösungen

Weil die Schüler aber keine Lernschemata übernehmen, sondern situationsspezifisch und auf die eigene Person und die Lerngruppe abgestimmte

Methoden anwenden sollen, ist zweierlei nötig: Zum einen wenden die Schüler erworbenes Wissen, zum Beispiel über die Wirkung von verschiedenen Präsentationstechniken, in unterschiedlichen Fächern an. Sie erleben dabei, dass es Grundregeln etwa der Prüfungsvorbereitung gibt, die in allen Schulfächern gelten, aber sie erfahren gleichzeitig, dass die Vorbereitung auf eine Mathematik- oder Musikklausur fachspezifisch zugeschnitten werden muss. Zum anderen muss der Unterricht in Lernkompetenz selbst schon vermitteln, dass es zum Beispiel für das Erschließen von Fachtexten aus der Biologie und von literarischen Texten in Englisch unterschiedliche Strategien gibt. Sinnvoll ist, den Schülern ausdrücklich Aufgaben zu geben oder diese von ihnen selbst entwickeln zu lassen, die den Methodentransfer ermöglichen. Das kann zu einer Differenzierung nach Fachinteressen führen, indem ein Schüler die gelernten Basistechniken, zum Beispiel Notizen zu machen, im Politik-Fachunterricht ausprobiert, während ein anderer dasselbe in Physik trainiert. Auf diese Weise wird im Unterricht nicht nur methodisches Wissen vermittelt, sondern zugleich die metakognitive Fähigkeit, Methoden im Blick auf die jeweiligen Fächer und Aufgabenarten zu reflektieren. Das ist notwendiger Teil eines Unterrichts in der Oberstufe, der wissenschaftspropädeutisch auf Fähigkeiten vorbereitet, die zum Beispiel in einem späteren Studium erforderlich sind, wenn Studenten die methodische Herangehensweise an ihre Semesterarbeit eigenständig planen müssen. In der gymnasialen Oberstufe kann und muss mit den Schülern deshalb immer wieder reflektiert werden, warum gerade bei dem gegebenen Fachinhalt und der jeweiligen Zielsetzung mit genau diesem methodischen Zugriff gearbeitet wird und welche methodischen Alternativen sich anbieten würden.

Sozialkompetenz

Sozialkompetenz ermöglicht fachlich effektive Teamarbeit.

Lernen in der Schule ist individuelles Lernen und Lernen in Gruppen. Darauf sollte Unterricht in Lernkompetenz reagieren. Wenn ein Schüler für sich selbst geeignete Lerntechniken und -haltungen entwickelt hat, kann er durchaus noch Probleme beim schulischen Lernen haben, wenn es ihm an Sozialkompetenz mangelt. Hier ist nicht an Formen sozial auffälligen Verhaltens in Klassen gedacht, sondern an die Notwendigkeit, die Beziehungsebene der Kommunikation ernst zu nehmen und Basisqualifikationen für Teamarbeit zu entwickeln. Kognitive, emotionale, motivationale Aspekte sowie Einstellungen und Werte spielen hier eine Rolle (vgl. STANAT/KUNTER 2001). Im Unterricht der Sekundarstufe II geht es beim sozial-kommunikativen Lernen vorrangig um folgende Handlungskompetenzen:

- Empathiefähigkeit
- Rollendistanz
- Teamfähigkeit
- Souveränität im Umgang mit Feedback
- Mediation von Konflikten
- Kommunikation über Gruppenziele und -normen
- konstruktive Auswertung schulischer Erfahrungen

Schüler sind täglich in der Klassen-/Kursgruppe oder im Gruppenunterricht zur Kooperation angehalten. Die formellen (Klein-)Gruppen bestehen neben und quer zu informellen Freundschaftsgruppen in der Klasse mit ihrer je eigenen Gruppendynamik. Die Schüler machen in ihrem Schulalltag die widersprüchliche Erfahrung, dass die Zusammenarbeit mit Mitschülern das Lernen erleichtern, aber durchaus auch erschweren kann. Das Team ist offensichtlich nicht in jedem Fall die überlegene Sozialform, zumal schulinstitutionelle Zwänge und Widersprüche, die sich aus der Selektionsfunktion der Schule ergeben, im Gruppenunterricht besonders deutlich zutage treten. Dennoch muss die soziale Lernkompetenz so weit entwickelt werden, dass die Schüler ihre Zusammenarbeit im Unterricht effektiv gestalten, ihre Selbstständigkeit und Kreativität entwickeln und solidarisches Verhalten einüben können (vgl. MEYER 2003, S. 252). Das erfordert sowohl auf Seiten der Schüler wie der Lehrer, aus Rollenmustern, die zum Beispiel durch Frontalunterricht eingeschliffen sind, herauszutreten. Ein Training der für soziales Lernen und Gruppenunterricht notwendigen Kompetenzen kann in Gruppenarbeitsphasen im Fachunterricht erfolgen. Methodisch oft bewusster initiiert und reflektiert bieten sich aber auch spielerische Übungen an, weil sie von unmittelbarem Handlungsdruck in Ernstsituationen entlasten und Freiräume schaffen, mit Verhaltensweisen zu experimentieren. Die Schüler sollen auch beim sozialen Lernen nicht nur instruiert werden, wie es geht, sondern immer gleichzeitig praktisch einüben, was konkret getan werden kann. In den Unterrichtsbausteinen zur Lernkompetenz werden deswegen Vorschläge für Rollenspiele, Szenarien und interaktive Übungen gemacht, wie sie auch in der Weiterbildung von Erwachsenen bewährt sind.

Übersicht: Lernkompetenz in der Sekundarstufe II

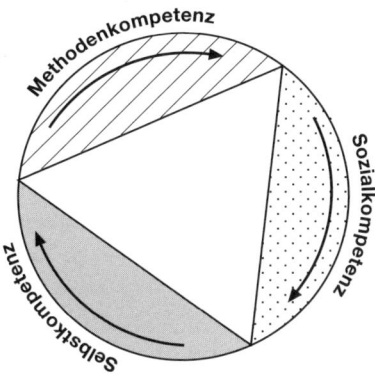

Wesentlich für die Didaktik zur Lernkompetenz ist die wechselseitige Verknüpfung der drei Kompetenzbereiche. Es geht um den Schüler selbst, die fachlichen und fachübergreifenden Methoden und die Gruppe, in der er lernt. Denn es ist empirisch belegt, dass sich die drei Komponenten Selbst-, Methoden- und Sozialkompetenz gegenseitig bedingen und ergänzen (vgl. MELZER/AL-DIBAN 2001). So umfassend verstanden ist die Lernkompetenz ein wesentlicher Teil einer allgemeinen Handlungskompetenz im schulischen wie außerschulischen Bereich und damit der Persönlichkeitsentwicklung überhaupt. Insofern ist die eigene Lernkompetenz nie abgeschlossen, sie entwickelt sich lebenslang weiter.

Lernkompetenz – fachübergreifend und fachspezifisch

Bei der Vermittlung von Lernkompetenz fallen fachspezifische Vorgehensweisen und allgemeine Lernmethoden zusammen, sie sind aber dennoch nicht identisch. Die systematische Vermittlung von Lernkompetenz, die wesentlich anders und mehr ist als ein fachneutrales Methodentraining, gelingt am besten in einem eigenständigen Unterrichtsangebot. Gleichzeitig ist es zwingend erforderlich, dass die Lernmethoden fachspezifisch differenziert und angewendet werden. Falsch wäre es in jedem Fall, beide Seiten derselben Medaille in der Schule gegeneinander auszuspielen. Jede allgemeine Lernkompetenz ist auf fundiertes Fachwissen angewiesen. Das inhaltliche Wissen stellt sich nicht automatisch mit der gelernten Methode ein. Es muss an Themen erarbeitet werden, die die Schüler als bedeutsam erleben. Aber umgekehrt gilt auch, dass fachliche Kenntnisse und Fertigkeiten nur zum selbstständigen Lernen und zum Schulerfolg führen, wenn die allgemeine Lernfähigkeit ausgeprägt ist. Welche organisatorischen Möglichkeiten in einer Schule auch immer realisiert werden, eine enge Verknüpfung von allgemeinem Methodenwissen und fachspezifischer Konkretisierung sollte verbindlich im Lehrerkollegium verabredet werden. Es ist eine wichtige Aufgabe der jeweiligen Fachkonferenzen, im Einzelnen festzulegen, welche Elemente der Lernkompetenz in welchem Fach besonders trainiert werden, weil es zum Beispiel nahe liegende Bezüge zwischen diesem Fach, seinen Inhalten und einem speziellen Methodenbaustein gibt. Oft wird die Planung von überfachlichem Unterricht zur Lernkompetenz fachliche Absprachen initiieren. Für die Akzeptanz eines solchen Unterrichts bei den Schülern ist die Verzahnung von sinnvollen Lernmethoden mit Fachunterricht von zentraler Bedeutung und die Frage der Implementierung der in den Bausteinen behandelten Kompetenzen in den Fachunterricht ist eine konkrete Möglichkeit der Weiterentwicklung des schulspezifischen Lerncurriculums.

Allgemeine und fachspezifische Lernkompetenzen können auf unterschiedliche Art miteinander verknüpft und unterrichtsorganisatorisch verwirklicht werden. Manche Schulen haben positive Erfahrungen damit gemacht, im Übergang zwischen der Sekundarstufe I und der Oberstufe in der Schule oder extern, in Bildungshäusern oder Tagungsstätten zentrale Inhalte in Form eines Kompaktseminars zu bearbeiten. Andere teilen die Vermittlung der Bausteine auf mehrere Lern-Projektwochen innerhalb der Oberstufe auf. Denkbar ist auch, dass in einer Schule die Auseinandersetzung mit einzelnen Bausteinen bestimmten Fächern schwerpunktmäßig zugeordnet wird. Dann wird zum Beispiel das Protokollieren von Versuchen speziell im Chemieunterricht trainiert oder der Umgang mit Sekundärliteratur im Geschichtsunterricht und das Erschließen von Texten im Deutschunterricht. Dieses Verfahren hat unterrichtsorganisatorische Vorteile, weil neben dem Fachunterricht keine eigenen Veranstaltungsformen (Kurse, Arbeitsgemeinschaften, Projekttage oder Seminare) eingerichtet werden müssen und die Vermittlung der Lernmethodik auf verschiedene Schultern verteilt ist. Die Erfahrungen an verschiedenen Schulen zeigen, dass so zwar bei den Lehrern das Bewusstsein für die Bedeutung von Lernkompetenzen gestärkt und die Kommunikation im Kollegium darüber gefördert werden kann, Schüler aber systematische Zusammenhänge bei den Lernstrategien oft nur

schwer erkennen. Wo das Lernenlernen grundsätzlich an den Fachunterricht gekoppelt wird, kommt es häufig zu einer Einengung von Lernkompetenz auf Methodenkompetenz. Selbst- und Sozialkompetenz geraten dann
leicht aus dem Blick. Die Versuchung für Fachlehrer ist groß, unter dem
Druck der nahen Abiturprüfung und der Stofffülle den methodischen Reflexionen nur eingeschränkten Raum im Unterricht zu geben.

Erfolgversprechender scheint ein anderer Weg: In einem eigenständigen
Unterrichtsangebot, wie z.B. im Seminarfach oder - kurs, werden die Kenntnisse, Fähigkeiten und Einstellungen thematisiert, die im Fachunterricht
aufgegriffen, geübt und weiterentwickelt werden.

Erfahrungen mit Unterricht in Lernkompetenz

In der gymnasialen Oberstufe der Integrierten Gesamtschule Aurich-West
gibt es eine für alle Schüler der Einführungsphase verpflichtende Arbeitsgemeinschaft. Sie ist dort unter dem Titel „LOOPing" („Lernen organisieren
und optimieren") eingerichtet und wird von der jeweiligen Klassenlehrerin
beziehungsweise dem Klassenlehrer geleitet. Den Ausgangspunkt bildete
weder ein Schulprogramm noch ein Vorschlag der Schulleitung, sondern
eine Initiative von Kolleginnen und Kollegen aus der Sekundarstufe II, die
sich den wahrgenommenen Defiziten der Schülerinnen und Schüler im
Bereich des Lernens konkret zuwenden wollten. Sie widmeten sich der
Frage: „Was erschwert oder behindert das erfolgreiche Lernen und Arbeiten in der Sekundarstufe II?". Einige der Antworten lauteten, in unsystema-
tischer Reihenfolge:

Selbstkompetenz:
- Abwehrhaltung gegenüber dem Lernen allgemein
- punktuelle Motivation
- geringe Neugier
- fehlende aktive Mitarbeit
- gering ausgeprägte Konzentrationsfähigkeit
- geringe Bereitschaft, sich mit Widerständen auseinander zu setzen
- keine Verantwortung für das übernehmen wollen, was im Unterricht
  geschieht
- schlecht zuhören können
- mangelnde Reflexion über schulische Laufbahn
- Konsumhaltung

▨ fehlende Selbstverantwortung
▨ Aufschieben von unangenehmen Tätigkeiten
▨ falsche oder ungünstige Einteilung der Arbeitszeit
▨ Angst vor Neuem und vor Ungewissheit

Methodenkompetenz:
▨ ein kontinuierliches Nacharbeiten der Unterrichtsthemen
    findet nicht statt
▨ ungenaue Beachtung von Aufgaben
▨ fehlende effektive Mitschreibtechniken
▨ Wichtiges und Unwichtiges nicht unterscheiden können
▨ falscher Umgang mit Sekundärliteratur
▨ nicht frei reden können
▨ zu viel tun

Sozialkompetenz:
▨ mangelnde Verantwortlichkeit für die Klassengemeinschaft
▨ Schülerbeiträge nicht wertschätzen
▨ nicht mitdenken, wenn jemand aus der Lerngruppe etwas sagt
▨ fehlende Fähigkeit zur Teamarbeit
▨ „Sich-Entziehen" erschwert und behindert Gruppenprozesse
▨ fehlende gleichberechtigte Mitarbeit von allen in einer Gruppe
▨ mangelnde Feedback-Methoden

Schnell zeigte sich, dass über Fachgrenzen hinweg dieselben Schwierigkeiten bei Arbeitstechniken und in der Selbst- und Sozialkompetenz beklagt
wurden. Diese erwiesen sich weder als kurs- noch als jahrgangsspezifisch.
Die Defizite wurden nicht primär als intellektuelles Unvermögen beschrieben, sondern als Verhaltensprobleme.

Zunächst standen Überlegungen zur Verbesserung der Arbeitsmethoden
und -techniken im Zentrum, aber bald wurde deutlich, dass Lernkompetenz
in einem umfassenderen Sinn verstanden werden musste, wenn die
Bemühungen nicht erfolglos bleiben sollten. Damit es nicht bei Vorstößen
einzelner Lehrer blieb, wurde der Unterricht systematisch in den Stundenplan eingebunden. Hier konnten bezüglich der Stundentafel und der Versor-
gung mit Lehrerstunden die Möglichkeiten einer Ganztagsschule genutzt
werden. Inzwischen bieten die in den meisten Bundesländern verpflichtend
eingeführten Seminarfachkurse in der Oberstufe dafür ausreichenden Raum.

Bewusst wurde die Aufgabe des LOOPing-Unterrichts den Klassenlehrerinnen und -lehrern übertragen. Sie sind zum einen mit mindestens zwei Fächern fachlich im Unterricht präsent und zum anderen kennen sie die Lerngruppe und die Einzelschüler oft am besten. So können sie gerade die eher persönlichkeitsbezogenen Anteile der Lernkompetenz mit den Schülern erarbeiten und außerdem für Anwendungsmöglichkeiten des Gelernten im Fachunterricht sorgen.

Wesentliche Erfahrungen lassen sich in den folgenden Punkten zusammenfassen. Darauf zu achten kann eine Hilfe sein, wenn man den zu Anfang der Oberstufe oft deutlich werdenden Motivationsschub der Schüler nutzen und ihre Bereitschaft aufgreifen will, an sich zu arbeiten, um die Abiturprüfungen im Rahmen des Möglichen optimal schaffen zu können.

Unterricht in Lernkompetenz gelingt leichter, wenn ...

▨ nicht nur einige wenige Kolleginnen und Kollegen Lernkompetenz-Experten werden, sondern das Konzept von möglichst vielen entwickelt und durchgeführt wird. Das sichert am ehesten, dass die Schüler aus unterschiedlichen Fachperspektiven die allgemeinen Lernstrategien konkretisieren und Übungsmöglichkeiten in zahlreichen Fächern haben.

▨ der Unterricht kein Spezialangebot für eine besondere Schülergruppe ist, sondern selbstverständliches wissenschaftspropädeutisches Curriculum in der Sekundarstufe II.

▨ der Unterricht fest im Stundenplan verankert ist. So wird am ehesten ein systematisches Lerntraining realisiert. Außerdem dient es dem Image des Unterrichts in Lernkompetenz bei Schülern, Kollegen und Eltern.

▨ genügend Materialien, Zeiten, Räume für methodisch interessanten Unterricht zur Verfügung stehen. Der Unterricht in Lernkompetenz ist wenig geeignet für Frontalunterricht. Überzeugender ist es, die Methoden des Lernens zu lehren, indem sie selbst im Unterricht angewendet werden. Das erfordert von den Unterrichtenden, sich den Vermittlungsmethoden besonders zu widmen. ▼

- die Lehrerinnen und Lehrer Fachwissen und Methodenwissen aufeinander beziehen, indem sie als Modell für ihre Schüler immer wieder im eigenen Unterricht deutlich machen, wie sie selbst an Themen herangehen, Fachwissen aufbereiten und alternative Vorgehensweisen zur Diskussion stellen.

- die Lehrerinnen und Lehrer neben der Rolle des Fachlehrers auch Rollen wie Moderator, Spielleiter, Lernberater für sich akzeptieren.

- auf Lerndefizite der Schülerinnen und Schüler konstruktiv reagiert wird mit der Frage: Wie können wir das Problem gemeinsam im Unterricht angehen und das Methodenwissen vertiefen?

- Schülerinnen und Schülern die Möglichkeit gelassen wird, auch unkonventionelle methodische Wege zu gehen.

- das Unterrichtskonzept und die Materialien situationsgerecht weiterentwickelt werden. Der Unterricht in Lernkompetenz kann nur erfolgreich sein, wenn er auf die sich ständig verändernden Bedürfnisse der Schüler situationsgerecht reagiert. Der Austausch der Materialien und Erfahrungen erleichtert die Arbeit wesentlich.

- der Unterricht in Lernkompetenz nicht mit der unrealistischen Erwartung überladen wird, sämtliche Schulprobleme auf diese Art schnell in den Griff zu bekommen.

Notizen zum Umgang mit den Bausteinen

Das vorliegende Handbuch ist für Lehrerinnen und Lehrer bestimmt. Es ist kein Buch aus der Reihe der Ratgeberliteratur oder des Selbststudiums für einzelne Schüler. Die Unterrichtsvorschläge richten sich an Kollegen und Kolleginnen in unterschiedlichen Rollen und Funktionen: Klassenlehrer oder Tutor, Fachlehrer oder Seminarkurslehrer.

Einsatzmöglichkeiten

Dieses Praxishandbuch bietet 30 Bausteine an, die systematisch gegliedert sind und die drei Bereiche der Selbst-, Methoden- und Sozialkompetenz übergreifend verzahnen. Die Bausteine können je nach didaktischer

Entscheidung und Entwicklungsstand der Lerngruppe in allen Jahrgängen der Oberstufe eingesetzt werden. Einzelne Lehrer können ausgewählte Bausteine in ihren Fachunterricht integrieren. Oder: Ein Oberstufen-Kollegium trifft eine Auswahl, welche Bausteine in welchem Zeitrahmen verbindlich behandelt werden, und legt so eine verlässliche Grundlage in der Methodenbeherrschung. Die Reihenfolge der Bausteine im Buch bestimmt nicht die Abfolge, in der die einzelnen Themen und Handlungskompetenzen zu vermitteln sind. Nicht nur die Bausteine, sondern auch die im Anhang jeweils beigefügten Materialien lassen sich neu kombinieren und zu eigenen Materialpaketen zusammenstellen. Die Kombinationsmöglichkeit der Bausteine beugt einem starren Schematismus vor. Andererseits erleichtert die Festlegung auf einzelne Inhalte und Methoden der Bausteine die Absprachen im Kollegium und ermöglicht ein einheitliches Vorgehen in der Sekundarstufe II.

Einige Varianten, wie aus den Bausteinen dieses Praxisbandes Lernkompetenz-Pakete geschnürt werden können, werden am Ende dieses Kapitels vorgeschlagen.

Struktur der Bausteine

Die einzelnen Bausteine sind immer in gleicher Weise aufgebaut: Auf die Nennung der Ziele und den Überblick über die inhaltlichen Schwerpunkte folgen knappe Angaben zum Kontext, in dem der Baustein thematisch und vom Schülerbezug her steht. Eine Übersicht listet zunächst die für den Unterricht notwendigen Medien und Materialien auf, die methodischen Vorschläge schließen sich an. Jeder Baustein wird abgeschlossen mit dem Arbeitsmaterial in den Anlagen.

Anlagen

Die Anlagen umfassen Druck- oder Folienvorlagen der Materialien und Aufgabenstellungen für die Schüler sowie mögliche Aufgabenlösungen und können auf das Format DIN-A4 vergrößert werden.

Manche Bausteine bieten mehrere Anlagen mit unterschiedlichen Themen, die in sich folgerichtig aufgebaut sind. Aus dem Angebot an Anlagen kann aber auch eine Auswahl getroffen werden, wenn man nur einige Themen des Bausteins vermitteln will. Die Text- und Themenauswahl ist schulstufen- und altersgruppenspezifisch gewählt. An vielen Stellen kann der Lehrer eigene Beispieltexte einbringen, die mit demselben methodischen Instrumentarium bearbeitet werden. Damit ist eine fachliche und individuelle Schwerpunktsetzung der Bausteine im Hinblick auf die Interessen der Lerngruppe und des Lehrers möglich.

Zeitbedarf

Die einzelnen Bausteine im Unterricht zu behandeln, erfordert unterschiedlich viel Zeit. Da Lernstrategien individuell sind und diese von den Schülern selbst entwickelt und in der Lerngruppe erprobt werden sollen, ist Unterricht zur Förderung des selbst gesteuerten und kooperativen Lernens zeitintensiv. Manches lässt sich in einer Einzelstunde durchführen, viele methodische Arrangements verlangen aber Doppelstunden oder mehrere solcher Zeitblöcke, um sinnvoll bearbeitet werden zu können. Da es zahlreiche denkbare Einsatzmöglichkeiten gibt – sie reichen von einzelnen Stunden über wöchentliche Kurse bis hin zu mehrtägigen Seminaren oder Projektwochen –, und die Materialien und Methoden in unterschiedlicher Weise kombiniert werden können, wurde auf detaillierte Zeitangaben verzichtet. Jeder Lehrer wird sich anhand der Verlaufsplanung und der Materialien einen Überblick verschaffen können, wie viel Zeit er veranschlagen muss.

Das Handbuch soll dazu ermuntern, eigene Zugänge zur Lernkompetenz zu entdecken. Für dieses Ziel bieten die Bausteine Ideen und konkrete Materialien an, die im Unterricht direkt umsetzbar sind oder abgewandelt und durch eigene Modelle ergänzt werden können.

Themenpakete

Gruppenarbeit – Kooperation	Schriftliche Prüfungen
Baustein 8: Lernerfolge einschätzen	Baustein 4: Zeit einteilen
Baustein 25: Andere verstehen	Baustein 5: Prüfungen bewältigen
Baustein 26: Feedback geben	Baustein 10: Sachtexte erschließen
Baustein 27: Teamarbeit entwickeln	Baustein 11: Aufgaben verstehen
Baustein 28: Prozesse reflektieren	Baustein 12: Wissen behalten

Neue Lerngruppe

Baustein 1: Ziele bestimmen
Baustein 3: Lernstil optimieren
Baustein 24: Erfahrungen
              bewerten
Baustein 25: Andere verstehen

Motivation

Baustein 2: Motivation klären
Baustein 3: Lernstil optimieren
Baustein 9: Neues wagen
Baustein 24: Erfahrungen
              bewerten

Dialog – Kommunikation – Diskussion

Baustein 25: Andere verstehen
Baustein 26: Feedback geben

Facharbeit

Baustein 4: Zeit einteilen
Baustein 10: Sachtexte
              erschließen
Baustein 20: Themen zuschneiden
Baustein 21: Quellen auswählen
Baustein 22: Interview führen
Baustein 23: Richtig zitieren

Persönliche Lernstrategien

Baustein 1: Ziele bestimmen
Baustein 2: Motivation klären
Baustein 4: Zeit einteilen
Baustein 9: Neues wagen

Techniken wissenschafltichen Arbeitens

Baustein 10: Sachtexte
              erschließen
Baustein 20: Themen zuschneiden
Baustein 21: Quellen auswählen
Baustein 22: Interview führen
Baustein 23: Richtig zitieren

Konfliktbearbeitung

Baustein 25: Andere verstehen
Baustein 26: Feedback geben
Baustein 29: Regeln beachten
Baustein 30: Konflikte bearbeiten

Formen schriftlicher Darstellung

Baustein 4: Zeit einteilen
Baustein 5: Prüfungen
              bewältigen
Baustein 10: Sachtexte
              erschließen
Baustein 11: Aufgaben verstehen
Baustein 12: Wissen behalten
Baustein 17: Befunde
              dokumentieren
Baustein 18: Diagramme lesen

Mündliche Präsentation

Baustein 3: Lernstil optimieren
Baustein 14: Mitarbeit verbessern
Baustein 15: Gut präsentieren
Baustein 16: Gut referieren
Baustein 22: Interview führen
Baustein 25: Andere verstehen
Baustein 26: Feedback geben

Präsentation

Baustein 15: Gut präsentierten

Baustein 16: Gut referieren

Baustein 17: Befunde
dokumentieren

Baustein 18: Diagramme lesen

Mitarbeit

Baustein 12: Wissen behalten

Baustein 13: Effektiv
mitschreiben

Baustein 14: Mitarbeit
verbessern

Baustein 19: Kreativ denken

Baustein 27: Teamarbeit
entwickeln

Konzepte – Struktur

Baustein 11: Aufgaben verstehen

Baustein 13: Effektiv
mitschreiben

Baustein 17: Befunde
dokumentieren

Baustein 18: Diagramme lesen

Baustein 19: Kreativ denken

Baustein 20: Themen zu-
schneiden

Umgang mit Literatur

Baustein 10: Sachtexte
erschließen

Baustein 21: Quellen auswählen

Baustein 23: Richtig zitieren

Projektarbeit

Baustein 7: Unterricht
reflektieren

Baustein 8: Lernerfolge
einschätzen

Baustein 25: Andere verstehen

Baustein 26: Feedback geben

Baustein 27: Teamarbeit
entwickeln

Baustein 28: Prozesse
reflektieren

Evaluation, Reflexion, Feedback

Baustein 2: Motivation klären

Baustein 6: Kursreflexion
gestalten

Baustein 7: Unterricht
reflektieren

Baustein 8: Lernerfolge
einschätzen

Baustein 24: Erfahrungen
bewerten

Baustein 26: Feedback geben

Baustein 28: Prozesse reflektieren

**Evaluation von Unterrichts-
erfahrungen**

Baustein 6: Kursreflexion
gestalten

Baustein 7: Unterricht
reflektieren

Baustein 24: Erfahrungen
bewerten

Selbstkompetenz

1 Ziele bestimmen: Wozu Oberstufe?

Ziele und Überblick

- Interessen und Motive für den eigenen Oberstufenbesuch klären
- über die Motivation zum Schulbesuch mit Mitschülern, Eltern und Lehrern ins Gespräch kommen

A Hinführung zum Thema der Stunde
B Erhebung von Gründen für den Besuch der Oberstufe
C Auswertungsgespräch

Kontext

Ein altes Sprichwort sagt: „Wer das Ziel nicht kennt, darf sich nicht wundern, wenn er nicht trifft." Schüler der Sekundarstufe II stehen auch im Unterricht immer wieder vor der Situation, eigene Interessen und Ziele beim Lernen selbst bestimmen und die Motivation für ihr Lernen immer wieder neu aufbauen zu müssen. Das gilt in besonderer Weise für einzelne Unterrichtsvorhaben wie die Facharbeit oder Projektphasen, aber auch für den Schulbesuch überhaupt. Es ist zu beobachten, dass Schüler, die ein klares Ziel vor Augen haben, leichter selbstreguliert lernen und größeren Schulerfolg haben als solche, deren Motivationslage viel diffuser ist, weil sie zum Beispiel eine nur unklare oder fehlende berufliche Perspektive haben und sich nicht gut selbst Ziele setzen können. Die Antwort auf die Frage nach den Zielen des Schulbesuchs beeinflusst die Motivation des einzelnen Schülers und damit auch die der gesamten Lerngruppe. Das wirkt sich auf die Erwartungen der Schüler an ihre Lehrer und die Schule aus. Die Unklarheit auf diesem Gebiet ist heute vermutlich größer als früher und wird von Lehrern mitunter fälschlicherweise als Desinteresse oder als Disziplinproblem im Unterricht wahrgenommen.

Der Baustein „Ziele bestimmen" verdeutlicht den Schülern ihre Verschiedenartigkeit in einer zentralen Frage, die nur selten offen gestellt wird. Er soll Anlass bieten, über ihre Erwartungen und Vorstellungen zu sprechen, die sie mit ihrer Oberstufenzeit verbinden, und zur persönlichen Klärung und zum gegenseitigen Verständnis in der Lerngruppe beitragen. Vorzugsweise wird dieses Thema zu Beginn der Sekundarstufe II aufgegriffen. Wenn eine größere Zahl von Schülerinnen und Schülern von anderen Schulen des Sekundarbereichs I neu auf die Schule kommt, ist das Thema besonders aktuell, aber auch sonst ist Motivation nicht konstant vorhanden, sondern sie muss immer wieder neu geklärt werden.

Die scheinbar einfache Frage „Wozu Oberstufe?", die aber doch in das Zentrum der in und außerhalb der Schule oft beklagten Motivationsproblematik trifft, ist auch ein mögliches Thema für Elternabende. Es ist interessant, die Einstellungen der Schüler mit dem zu konfrontieren, was die Erwachsenen vom Schulbesuch erwarten. Deshalb gibt es zu diesem Baustein sowohl Material für Schüler als auch für deren Eltern.

Medien

Thema	Anlage	Titel	Form
B	1	Schüler-Fragebogen Wozu Oberstufe?	Kopie je Schüler + 1 Folie
Ergänzung	2	Eltern-Fragebogen Wozu Oberstufe?	Kopie je Elternteil

Themenfolge

A   Hinführung zum Thema der Stunde

Einführung: „Ich möchte mit Ihnen der auf den ersten Blick einfachen Frage nachgehen, welche Ziele - außer dem Abitur - Sie eigentlich mit Ihrem Schulbesuch in der Sekundarstufe II für sich verfolgen, was Sie motiviert, die Anstrengungen des Lernens immer wieder neu auf sich zu nehmen."

B   Erhebung von Gründen für den Besuch der Oberstufe

Die Schüler füllen den Fragebogen (Anlage 1) in Einzelarbeit aus. Bevor sie die Rangfolge festlegen, überprüfen sie, welche Ziele sie für sich ergänzen wollen. Die Beschränkung auf fünf zu nennende Ziele ist wichtig, um Akzente zu setzen, denn vermutlich spielen alle Ziele in gewisser Weise eine Rolle.

C   Auswertungsgespräch

Wenn es um die Motivation in der Lerngruppe insgesamt geht, ist vor dem Gespräch die Auszählung der Punkte sinnvoll. Die Punktsumme für jedes Ziel wird auf eine Folie übertragen. Der Austausch lässt sich aber auch in Kleingruppen organisieren, wenn die Absicht darin besteht, dass einzelne Schüler miteinander über ihre Ziele ins Gespräch kommen sollen.
Leitfragen können sein:

- Welche Ergebnisse überraschen Sie?
- Wie erklären Sie sich die Extremwerte?
- Wie wirken sich die unterschiedlichen Ziele auf das Lernverhalten in den verschiedenen Fächern aus?
- Was bedeuten die Ergebnisse für Ihre Erwartungen an Lehrerinnen und Lehrer?
- Inwieweit kennen Ihre Eltern Ihre Ziel-Prioritäten?

Ergänzung: Elternabend

Die Frage, mit welchen Zielvorstellungen Schüler die Sekundarstufe II besuchen, kann ein Thema auf einem Elternabend der Vorstufe sein. Hier lässt sich ein leicht abgewandelter Fragebogen (Anlage 2) einsetzen.

In einem Gespräch kann die Gesamteinschätzung der Eltern mit derjenigen der ganzen Klasse gegenübergestellt und verglichen werden.
Leitfragen können sein:

- Welche Auswirkungen für das Lernen in der Schule hat es, wenn die von den Jugendlichen und Eltern genannten Ziele sich unterscheiden?
- Können die Erwachsenen die Motive und Interessen der Jugendlichen nachvollziehen? Sollen sie diese akzeptieren?

Querverweis

Baustein 2: Motivation klären

Ziele bestimmen

Wozu Oberstufe?

Als Schülerinnen und Schüler der Sekundarstufe II bereiten Sie sich auf Ihr Abitur vor. Daneben gibt es aber vermutlich noch weitere Gründe, aus denen Sie die gymnasiale Oberstufe besuchen. Die unten abgedruckte Liste enthält eine Reihe von ihnen. Wenn Sie möchten, können Sie die Liste um eigene Ziele ergänzen.

Welche fünf Ziele sind für Sie die wichtigsten?

Vergeben Sie 5 Punkte.

Der Besuch der Oberstufe soll ...

☐ eine gute Vorbereitung für mein Studium sein.

☐ die Zeit überbrücken, bis ich weiß, was ich beruflich will.

☐ meine Kreativität fördern.

☐ mir die Möglichkeit bieten, mit Freunden zusammenzubleiben .

☐ sicherstellen, dass ich später einen gut bezahlten Job bekomme.

☐ meine Fähigkeit zum Denken fördern.

☐ meine Persönlichkeit entfalten helfen.

☐ Neugier entwickeln.

☐ meine Begabungen entdecken helfen.

☐ mir die Möglichkeit bieten, meine eigenen Wertvorstellungen zu überprüfen.

☐ mir helfen, meine persönlichen Probleme zu bearbeiten.

☐ sicherstellen, dass ich den Erwartungen meiner Eltern entspreche.

☐ mir Anregungen für meine Studien- und Berufswahl liefern.

☐ mir Spaß machen.

Weitere / andere Ziele, die ich habe:

☐

☐

Ziele bestimmen

Wozu Oberstufe?

Liebe Eltern,

Schülerinnen und Schüler wollen durch den Unterricht in der Oberstufe auf ihr Abitur vorbereitet werden. Daneben gibt es aber noch weitere recht unterschiedliche Gründe, aus denen eine gymnasiale Oberstufe besucht wird. Die unten abgedruckte Liste enthält eine Reihe von ihnen.

Versetzen Sie sich bitte in die Lage Ihres Sohnes bzw. Ihrer Tochter.

Welche fünf Ziele, glauben Sie, hält Ihr Kind für die wichtigsten?

Vergeben Sie 5 Punkte.

Der Besuch der Oberstufe soll ...

☐ eine gute Vorbereitung für mein Studium sein.

☐ die Zeit überbrücken, bis ich weiß, was ich beruflich will.

☐ meine Kreativität fördern.

☐ mir die Möglichkeit bieten, mit Freunden zusammenzubleiben.

☐ sicherstellen, dass ich später einen gut bezahlten Job bekomme.

☐ meine Fähigkeit zum Denken fördern.

☐ meine Persönlichkeit entfalten helfen.

☐ Neugier entwickeln.

☐ meine Begabungen entdecken helfen.

☐ mir die Möglichkeit bieten, meine eigenen Wertvorstellungen zu überprüfen.

☐ mir helfen, meine persönlichen Probleme zu bearbeiten.

☐ sicherstellen, dass ich den Erwartungen meiner Eltern entspreche.

☐ mir Anregungen für meine Studien- und Berufswahl liefern.

☐ mir Spaß machen.

2 Motivation klären: Die Segel richten

Ziele und Überblick

- Übernahme von Selbstverantwortung als entscheidenden Schritt zur eigenen Lernmotivation entdecken
- eigene Deutungsmuster für Probleme in der Schule erkennen
- Handlungsspielräume im Schulalltag reflektieren

A Hinführung
B Konfrontation
C Stellungnahme
D Auswertung

Kontext

Ein wesentliches Ziel des Unterrichts in der Sekundarstufe II ist, dass die Schüler Verantwortung für ihr Lernen übernehmen. Dazu werden sie nur bereit sein, wenn sie sich als selbstwirksam erleben. Dem steht im Alltag die Erfahrung entgegen, dass schulisches Lernen zu einem großen Teil fremdbestimmt ist. Der Unterrichtsbaustein „Motivation klären" setzt bei der Gefahr an, das eigene Lernen nicht als Ergebnis autonomer Entscheidungen erleben zu können, sondern sich in verschiedenen Zwängen gefesselt zu fühlen. Das können ebenso eigene Wünsche und Vorstellungen sein wie Erwartungen anderer oder schulische und unterrichtliche Rahmenbedingungen. Dieser Baustein thematisiert mit einem provokanten Text, der Gedanken aus einem Buch von Reinhard K. Sprenger von der Personalführung im Management auf die Schule überträgt, die Frage der Handlungsmöglichkeiten des Einzelnen (vgl. R.K. SPRENGER 2000, S. 69 ff.). Der Text kann als ein Appell gelesen werden, Initiative und Verantwortung zu übernehmen und die eigene Einstellung zum Lernen als einen zentralen Hebel für mögliche Veränderungen zu begreifen. Die mögliche Sorge, dass damit ein unerreichbar hohes Ziel verfolgt wird, das dann angesichts der Realität zu noch größerer Enttäuschung führt, ist unbegründet, wenn – wie in diesem Material vorgesehen – nicht nur die Chancen der Selbstverantwortung, sondern auch ihre Grenzen mit den Schülern eigens thematisiert werden. Dass der für diesen Baustein entworfene Text in seiner Zuspitzung und Knappheit institutionelle und gesellschaftliche Zusammenhänge verkürzt, ist offensichtlich, aber didaktisch gesehen kein Problem, denn dieser Aspekt wird mit Sicherheit als erster von den Schülern selbst vorgebracht und kann und soll zu weiteren interessanten Fragen führen:

- Wer hat Verantwortung für die unbefriedigende Situation?
- Wie viel Hoffnung auf Änderung der Rahmenbedingungen ist realistisch?
- Wie viel Frustrationstoleranz braucht (nicht nur) ein Schüler, um sich mit dem, was schulisch oder beruflich notwendig ist, zu arrangieren?
- Ist eine so starke Betonung von Selbstverantwortung, wie sie im Text vorgenommen wird, naiv?

Es wird deutlich werden, dass es um Hilfen auf dem Weg zur Selbstmotivation geht. Deshalb sind die Perspektiven der Weiterführung:

- Aufbau von positiven Einstellungen zum Lernen,
- ernsthaftes Prüfen von Alternativen zur Fachwahl beziehungsweise zum Schulbesuch,
- Unterstützung der Schüler bei kleinen Veränderungsschritten zu Hause oder im Unterricht.

Medien

Thema	Anlage	Titel	Form
B	1	Die Segel richten	Kopie je Schüler
C	2	Stellungnahme	Kopie je Schüler

Themenfolge

A   Hinführung

Der Lehrer kann ein von den Schülern aktuell benanntes Motivationsproblem aus dem Unterricht aufgreifen, das von ihnen möglichst konkret beschrieben werden sollte. Er schlägt vor – ohne den Titel des Bausteins zu nennen – gemeinsam zu prüfen, ob das aus der kritischen Management-Theorie stammende Konzept einen Lösungsansatz für ihre Motivationsfrage bietet.

B   Konfrontation

In Einzelarbeit lesen die Schülerinnen und Schüler den ausgeteilten Text „Die Segel richten" (Anlage 1). Die Auseinandersetzung mit ihm kann intensiviert werden, wenn die Schüler vorweg den Hinweis erhalten, auf den Inhalt und auf ihre Gefühle beim Lesen zu achten.

C   Stellungnahme

Der Text reizt zur pointierten Stellungnahme. Erfahrungsgemäß reichen die Reaktionen von zustimmender Betroffenheit bis zu scharfer Ablehnung. Damit die vermutlich kontroversen Einschätzungen nicht vorschnell durch die ersten Meldungen einzelner Schüler eingeebnet werden, wird jeder Schüler zu einer knappen spontanen Stellungnahme aufgefordert (Anlage 2). Dies geschieht zur Selbstvergewisserung, ohne dass die Schüler zuvor miteinander über den Text gesprochen haben. Die Ergebnisse dienen als Grundlage der weiteren Diskussion.

D   Auswertung

Deutlich muss sein, dass das Ziel der Auswertung nicht die vorbehaltlose Zustimmung zu dem Text sein soll, sondern die Reflexion der Frage, inwieweit Schüler Selbstverantwortung für ihre Lernsituation und gegebenenfalls deren Änderung übernehmen können und wollen. Die im Abschnitt „Kontext" genannten Fragen können an dieser Stelle aufgegriffen werden.

Querverweis

Baustein 24: Erfahrungen austauschen

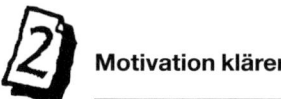

Motivation klären   Anlage 1

Die Segel richten

Ihnen gefällt etwas nicht an Ihrem Unterricht, Ihren Lehrern oder den Mitschülern? Sie fühlen sich demotiviert? Was tun? Drei Möglichkeiten stehen Ihnen zur Verfügung:

Ändern Sie etwas. Geben Sie sich nicht mit dem Status quo zufrieden. Übernehmen Sie die Initiative. Jammern und nichts an der Sache tun, immer auf das starren, was fehlt – damit ziehen Sie sich selbst herunter. Seien Sie im besten Sinne „unangepasst" und setzen Sie sich für Ihre Interessen ein. Sachzwänge sind Menschenzwänge! Vielleicht denken Sie nun: „Gut gebrüllt, Löwe! Aber ich habe schon oft probiert, etwas am Unterricht und in meiner Schule zu ändern. Da tut sich nichts." Aussichtslos, ein hoffnungsloser Fall?

Dann bleibt eine zweite Alternative: Verlassen Sie die Oberstufe, gehen Sie von der Schule ab und wählen Sie eine Ausbildung, die Ihren Interessen mehr entgegenkommt. In dieser Situation mögen Sie spontan reagieren mit dem Satz: „Ich kann meine Schulausbildung nicht abbrechen!" Dahinter verbirgt sich aber etwas anderes: Sie wollen nicht. Anderes ist Ihnen wichtiger. Sie wollen den Preis des Abbruchs nicht bezahlen. Und das ist nicht zu kritisieren. Aber dann ist Ihnen Ihre Klage auch nicht so wichtig, dass sie Sie handeln lässt, dass Sie die Angst vor dem Risiko überwinden.

Wenn Sie nun aber zu sich sagen: „Ja, da gibt es zwar vieles, was für mich im Unterricht nicht in Ordnung ist, aber deshalb will ich meine Schullaufbahn nicht abbrechen", dann können Sie immer noch eines ändern: Ihre innere Einstellung. Sie können vielleicht nicht den Wind bestimmen, aber Sie können die Segel richten. Wer eine unerfreuliche Situation also nicht ändern kann, sollte so intelligent sein und seine Einstellung überdenken. Bedauern Sie sich nicht als Opfer. Machen Sie Ihre schulische Arbeit mit Hingabe! Nicht weil die Schule so toll ist, die Lernbedingungen optimal sind oder irgendeine von außen kommende Instanz gesagt hat, wie wertvoll das Abitur ist. Sondern ganz einfach darum, weil Sie selbst sich für diese Schulausbildung entschieden haben. Aus keinem anderen Grunde. Sagen Sie mit ganzem Herzen „Ja!" zu Ihrer Wahl. Übernehmen Sie die Verantwortung für Ihr Lernen selbst.

Love it, leave it or change it.

(mit freundlicher Genehmigung des Autors nach: REINHARD K. SPRENGER: Das Prinzip Selbstverantwortung. Wege zur Motivation. Frankfurt: Campus, 10. A., 2000)

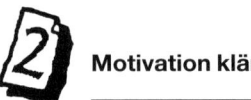 **Motivation klären**   **Anlage 2**

Stellungnahme

Nehmen Sie unmittelbar nach der Textlektüre Stellung zu den im Text vertretenen Gedanken, indem Sie spontan die vorgegebenen Sätze vervollständigen:

Dieser Text löst bei mir folgende Assoziationen aus …

_____

_____

_____

Am meisten stimme ich der These zu, dass …

_____

_____

_____

Am stärksten lehne ich die These ab, dass …

_____

_____

_____

Wenn der Autor anwesend wäre, würde ich ihn fragen …

_____

_____

_____

3 Lernstil optimieren: Eigene Lernstrategien

Ziele und Überblick

- bislang praktizierte Lernstile und -strategien reflektieren
- den eigenen Lernstil mit dem der Mitschüler vergleichen
- Stärken und Schwächen der jeweiligen Lernstile erkennen
- Bereitschaft entwickeln, eigenes Lernverhalten immer wieder zu überprüfen

A Hinführung
B Austausch über persönliche Lernstrategien
C Auswertung
D Schlussfolgerungen

Kontext

Wer die Schule bis zur gymnasialen Oberstufe durchlaufen hat, hat mit der Zeit seinen persönlichen Stil entwickelt, die Aufgaben zu bewältigen und sich auf den Unterricht und die schriftlichen Arbeiten vorzubereiten. Niemand muss erst in der Sekundarstufe II eine Lernstrategie aufbauen, aber manche haben sich auch Strategien angeeignet, die das Lernen in der Sekundarstufe II eher behindern und deshalb „verlernt" werden müssen. Eine umfangreiche Ratgeberliteratur bietet Tipps und Hilfen an und unter Schülern kursieren verschiedene Rezepte für Lernstrategien. Der Unterrichtsbaustein „Lernstil optimieren" macht die vorgefundenen Lernstrategien der Schüler zum Thema (vgl. HUBER 2001, S. 7 ff.). Eigene Lernstile sind häufig unbewusst angeeignet und habitualisiert. Sie sind Teil der Persönlichkeitsstruktur und werden deshalb meist verteidigt. Eine Veränderung erscheint unbequem, manchmal bedrohlich, weil man das Gewohnte zu verlieren fürchtet. Sie kann eher in kleinen Schritten und nur langfristig umgesetzt werden, denn es geht hier nicht nur um Wissen, sondern zugleich um die Bereitschaft zur Veränderung und um ständige Selbstkontrolle.

Den Schülern darf deshalb nicht das Gefühl vermittelt werden, bislang methodisch grundlegend falsch gearbeitet zu haben. Einzelne Lernstile sind nicht grundsätzlich besser als andere, sondern je nach den Rahmenbedingungen, Zielen, Persönlichkeitsstrukturen und Aufgabenarten mehr oder weniger funktional. Es geht darum, dass die Schülerinnen und Schüler eigene Erfahrungen reflektieren und sich darüber mit Mitschülern als Lernexperten austauschen, die ähnliche Probleme eventuell auf andere Art angehen. So verbindet sich die Förderung von Selbst- und von Sozialkompetenz. Die Lerngruppe erfährt zudem, dass unterschiedliche Wege zum Erfolg führen, der Lernstil notwendig individuell, aber nicht beliebig ist.

Der Baustein zielt auf die Selbstvergewisserung der Schüler über das eigene Lernverhalten. Wird er – in abgewandelter Form – immer wieder zur Zwischenreflexion genutzt, kann das Bewusstsein geschärft werden, kontinuierlich die eigenen Lernwege optimieren zu können und zu wollen. Die Schüler sind frei, sich entweder von den eigenen Stärken und Erfolgen zu berichten oder erkannte Fehler und Schwächen zum Thema zu machen. Dann können sie ihre Schlussfolgerungen ziehen und ihren persönlichen Stil in eine flexible, nämlich personen-, situations- und aufgabenorientierte Lernstrategie einbauen.

Medien

Thema	Anlage	Titel	Form
B	1	My Way of Learning	Kopie je Schüler
D	2	Fragen zur Selbstreflexion	Kopie je Schüler

Themenfolge

A   Hinführung

Lehrerhinweis: „Sie haben die Schule bis zur Sekundarstufe II erfolgreich durchlaufen. Inzwischen haben Sie einen individuellen Stil gefunden, die Aufgaben zu bewältigen und sich auf den Unterricht und die schriftlichen Arbeiten vorzubereiten. Die folgende Übung soll Ihnen helfen, sich über Ihren eigenen Stil klar zu werden."

B Austausch über persönliche Lernstrategien

Die Schüler werden in Kleingruppen aufgeteilt und erhalten die Aufgabe, sich über ihre jeweiligen Lernstrategien auszutauschen. Die Stichworte auf dem Arbeitsblatt (Anlage 1) verhindern eine Engführung auf nur ein oder zwei Aspekte, müssen aber nicht alle behandelt werden. Durch diesen Austausch werden die Schüler in der Kleingruppe indirekt auch auf Strategien aufmerksam, die sie selbst möglicherweise ebenfalls unbewusst praktizieren. Die Gruppe sollte mindestens eines der freien Felder selbst füllen. Daraus ergibt sich eine interessante Ergänzung der Stichworte aus Schülersicht.

C Auswertung

Im Plenumsgespräch werden nicht alle Stichworte nacheinander abgearbeitet, sondern die Schüler treffen eine Auswahl der sie am meisten interessierenden Punkte. „Wo gab es die größten Unterschiede in Ihren Erfahrungen?" könnte eine Eingangsfrage sein, denn gerade die sich widersprechenden Erfahrungen sind für die Auswertung ergiebig und können als Anregungen für das eigene Lernen genutzt werden. Die einzelnen Schülerbeiträge sollten nicht darauf gerichtet sein, das eigene Verhalten zu verteidigen und das der anderen zu bewerten. Die jeweiligen Lernsituationen, Rahmenbedingungen und Arbeitsaufgaben müssen nachvollziehbar anschaulich beschrieben werden, denn es geht nicht um richtig oder falsch.

D Schlussfolgerungen

Am Ende der Auseinandersetzung mit dem Thema ist eine Konzentration auf die eigene Person mit der Perspektive sinnvoll, gegebenenfalls (kleine) Änderungen ins Auge zu fassen. Die Fragen zur Selbstreflexion (Anlage 2) rücken die Eigenverantwortlichkeit für das Lernen in den Blick. An die Selbstvergewisserung über eigene Lerngewohnheiten können Informationen vonseiten des Lehrers über ausgewählte lernpsychologische Erkenntnisse anschließen: zum Beispiel zum Arbeits- und Pausenrhythmus, zur Konzentration oder zum Gedächtnis. Sinnvoll kann auch sein, dass die

Schüler überlegen, welche Lernstrategien anderer Schüler sie einmal in bestimmten Fächern probieren möchten. Ziel könnte sein, für verschiedene Fächer Lernteams zusammenzustellen.

Variation

Wenn Lernstile und -strategien erhoben werden sollen, kann man bei der Hinführung auch mit gestalterischen Verfahren arbeiten. So ist es zum Beispiel möglich, die Schüler Plätze, an denen sie regelmäßig für die Schule arbeiten, zeichnen oder modellieren zu lassen. Diese Aufgabe macht das eigene Lernverhalten bewusst und die entstehenden Produkte sind geeignete Gesprächsanlässe in der Gruppe.

Querverweise

Baustein 4: Zeit einteilen
Baustein 5: Prüfungen bewältigen
Baustein 8: Lernerfolge einschätzen
Baustein 24: Erfahrungen bewerten
Baustein 27: Teamarbeit entwickeln

Lernstil optimieren — Anlage 2

Fragen zur Selbstreflexion

Mit welchen Adjektiven würden Sie Ihren persönlichen Arbeits- und Lernstil stichwortartig zusammengefasst kennzeichnen?

In welchen Fächern haben Sie mit Ihrem Lernstil die größten Erfolge?

Angenommen, Sie wollten Ihre Lernstrategien in einem Training verbessern. Was müsste in diesem Kurs angeboten werden?

Wo möchten Sie konkret ansetzen und in der Schule mit verändertem Lernverhalten experimentieren?

© Cornelsen Verlag Scriptor   Selbst-, Methoden- und Sozialkompetenz

Lernstil optimieren — Anlage 1

My Way of Learning

Schildern Sie sich gegenseitig möglichst genau Ihren Arbeits- und Lernstil. Berücksichtigen Sie dabei unterschiedliche Fächer, Aufgabenarten und Lernsituationen und wählen Sie einige der genannten Aspekte aus. Ergänzen Sie gegebenenfalls weitere.

Zu tun: …	Zu berücksichtigen: …
Organisation des Arbeitsmaterials	Vollständigkeit, Nähe zum Arbeitsplatz, Lexika …
Arbeitsrhythmus	Beginn, Ende, Pausen, Bewegung, „auf den letzten Drücker" …
Textstudium	Lese- und Markiertechnik, Nachschlagen von Begriffen, Exzerpt …
Auswendiglernen	Behaltenstricks, Wiederholungen, Karteikarten, anschauliche Beispiele, Zeichnungen, fremdsprachige Zeitschrift/Sendung …
Klausurvorbereitung	Zeitplanung, einzeln oder in der Gruppe, Spickzettel, Anwendung, Korrektur
Umgang mit Sekundär- literatur und Hilfsmitteln	Literaturauswahl, Suchmaschinen, Zitieren …
Textproduktion	Texte schreiben, Gliederung, Vorschreiben …
Unterbrechungen der Arbeit	Pause, Nebentätigkeiten, Wechsel der Fachinhalte, Störungen …
Arbeitsplatzgestaltung	Arbeitszimmer, Schreibtisch, Ordnung, Medien, Musik …
Teamarbeit	Lernen in Gruppen oder zu zweit, über Themen sprechen, Treffpunkte, Konzentration …
Ausarbeitung von Referaten	Thema strukturieren, Gliederung, Manuskript, Vorsprechen, Medien …

© Cornelsen Verlag Scriptor   Selbst-, Methoden- und Sozialkompetenz

4 Zeit einteilen: Just do it!

Ziele und Überblick

- den eigenen Zeitaufwand für Schule und Freizeit recherchieren und analysieren
- Tipps für die Zeiteinteilung prüfen und anwenden
- mit Zeitplänen arbeiten und Zeit gezielt einteilen

A Zeitbudget
B Zeit- und Termindruck in der Schule
C Expertenpodium: Gekonnte Zeiteinteilung

Kontext

Die an einem Tag zur Verfügung stehende Zeit ist für alle Menschen gleich. Wir können sie durch keinen Trick vermehren, sie wird uns aber auch von niemandem gestohlen. „Keine Zeit!" ist immer Ergebnis einer eigenen Entscheidung: Anderes ist mir wichtiger. Allerdings können wir so mit Zeit umgehen, dass wir den wohltuenden Eindruck haben, Zeit zu gewinnen. Das zu können ist für schulischen und beruflichen Erfolg wichtig, und es lässt sich trainieren. Schüler stehen in diesem Zusammenhang vor zwei schwierigen Aufgaben: Sie müssen erstens die Zeitverteilung auf Schule und Freizeit beziehungsweise außerschulische Verpflichtungen klug managen und zweitens innerhalb der schulischen Aufgaben die Zeit sinnvoll verteilen. Die Aufgabe wird dadurch kompliziert, dass die einfache Gleichung: „viel aufgewendete Zeit = großer schulischer Erfolg" nicht aufgeht. Es geht hier also nicht nur um Quantität, sondern wesentlich um Fragen der Selbstkompetenz des Einzelnen, nämlich Motivation, Disziplin, die Fähigkeit, Prioritäten zu setzen – und das heißt auch „Nein" sagen zu können (vgl. I. SPRENGER 2000, S. 44), sowie die Bereitschaft und Fähigkeit, organisierend zu denken. Diese Haltungen sind in der Lerngeschichte des Schülers langsam gewachsen und individuell ausgeprägt. Sie lassen sich nicht „umkrempeln", aber in gewissen Grenzen bewusst machen und beeinflussen, wenn man die entsprechenden Strategien kennt und die konkreten Techniken übt. Dieser Baustein enthält deshalb sowohl selbstreflexive als auch konkrete arbeitsmethodische Elemente. Die einzelnen Materialien bauen nicht streng systematisch aufeinander auf. Sie beleuchten unterschiedliche Facetten des Zeitproblems und können je nach Problemdruck in der Lerngruppe variabel eingesetzt werden.

Medien

Thema	Anlage	Titel	Form
A	1	Bestandsaufnahme: Zeit	Kopie je Schüler
B	2	Zeit- und Termindruck in der Schule	Vorlage für Flipchart
C	3	Lust am Termindruck?	Kopie je Schüler
	4	Tipps für eine gekonnte Zeiteinteilung	für jede der 5 Gruppen ein Exemplar

Themenfolge

A   Zeitbudget

Die Schüler notieren eine Woche lang alle Tätigkeiten in eine Übersicht nach Anlage 1, um sich zu vergegenwärtigen, wofür sie ihre Zeit verwenden. Diese Aufgabe dient der Selbstreflexion. Wenn sich die Schüler gegenseitig vertrauen, können sie ihren Zeitverbrauch untereinander vergleichen und sich über die Zeitverschwender in ihrem Alltag austauschen. Mit den folgenden Fragen und Impulsen kann die Auswertung nach Wochenfrist vorbereitet werden:

- Markieren Sie in der Übersicht die Zeiten, die Sie für das Lernen verbraucht haben.
- Wie ist das Verhältnis dieser Lernzeit zur Freizeit?
- Markieren Sie die Zeiten, die Sie nicht selbst beeinflussen konnten.
- Wofür haben Sie sich angemessen viel, wofür zu wenig und wofür zu viel Zeit genommen?

B   Zeit- und Termindruck in der Schule

Das Schaubild (Anlage 2) wird auf ein Flipchart übertragen und veranschaulicht Felder, auf denen die Schüler häufig die Erfahrung machen, dass
sie unter Termindruck geraten. Die Auswertung der Frage 1 erfolgt als
Punktabfrage. Jeder Schüler verteilt zwei Punkte auf die Kategorien. Im
Klassengespräch werden die Fragen 2 bis 5 ausgewertet.

Die letzte Frage: „Wie kommt es, dass sich der Termindruck bei Ihnen
wiederholt?" führt zu der Beschäftigung mit dem heimlichen Gewinn, den
man aus dem Termindruck zieht (Anlage 3). Dieser Gedanke ist vermutlich
zunächst für viele Schüler befremdlich, aber auch interessant und auf andere Bereiche des Lebens übertragbar. Zu denken ist hier unter anderem an ...

- die Lust, eine zugespitzte Herausforderung zu bestehen.
- den Reiz des Risikos, dass es nicht reichen könnte.
- den Wunsch, in den Augen anderer nicht als penibel planender Schüler zu
  erscheinen.
- den Trick, dadurch nicht perfekt sein zu müssen.
- die Vermeidung, Prioritäten setzen und „Nein" sagen zu müssen.

Ziel dieser Auseinandersetzung mit sich selbst ist die Einsicht, dass jeder nur
an der Verbesserung seines Zeitmanagements arbeiten wird, wenn die
subjektiv empfundenen Nachteile den offensichtlichen und heimlichen
Gewinn übersteigen.

C   Expertenpodium: Gekonnte Zeiteinteilung

Die Schüler lernen Prinzipien der Zeitgestaltung kennen, wie sie auch in
zahlreichen Ratgebern vorgeschlagen werden. Die intensive Auseinandersetzung damit findet in Form eines Spiels statt.

Spielanleitung:

Die zwanzig aufgelisteten Tipps (Anlage 4) werden auf vier „Expertengruppen" verteilt. Diese bereiten sich darauf vor, als pädagogisch-psychologische
Fachleute die ihnen zugeordneten Tipps auf einem „Expertenpodium" anschaulich, konkret und plausibel zu vertreten. Eine fünfte Gruppe bildet das
interessierte Publikum mit von dem Zeitproblem betroffenen Schülern, Eltern, Lehrern. Sie bereiten sich auf die Gesprächsrunde vor, indem sie ihre
konkreten Erfahrungen, Sorgen und Probleme formulieren. In der anschließenden Diskussion mit vier ausgelosten „Experten" für das Podium,

die von einem Schüler oder dem Lehrer moderiert wird, trägt das Publikum seine Fragen und Schwierigkeiten vor und prüft, inwieweit die Antworten der „Experten" hilfreich sind und überzeugen können. Die Auswertung besteht darin, dass die Schüler aus den vielleicht immer noch recht allgemeinen Empfehlungen konkrete eigene Handlungsweisen ableiten. Das kann geschehen, indem sich Schüler, die sich das Gleiche vorgenommen haben, gegenseitig in einer Kleingruppe erläutern, inwiefern sie persönlich von dem Tipp betroffen sind und wie sie ihn konkret umsetzen wollen. Damit die Vorsätze nicht in Vergessenheit geraten, muss der Lehrer immer wieder das Thema „Zeit einteilen" aufgreifen und Phasen einplanen, in denen sich die Schüler über ihre Erfahrungen mit den erlernten Strategien austauschen.

Querverweise

Baustein 2: Motivation klären
Baustein 3: Lernstil optimieren

Anlage 1

Zeit einteilen

Bestandsaufnahme: Zeit

Aufgabe:

Achten Sie in der kommenden Woche ganz genau darauf, wie Sie Ihre Zeit verwenden. Tragen Sie in die Wochenübersicht alles ein, was Sie vom Aufstehen bis zum Schlafengehen für persönliche Dinge, Anforderungen im Haushalt, Lernen und Arbeiten, Freizeitgestaltung und Sonstiges tun.

Tag Zeit	Mo	Di	Mi	Do	Fr	Sa	So
7.00							
8.00							
9.00							
10.00							
11.00							
12.00							
13.00							
14.00							
15.00							
16.00							
17.00							
18.00							
19.00							
20.00							
21.00							
22.00							
23.00							

Anlage 2

Zeit einteilen

Zeit- und Termindruck in der Schule

SCHULALLTAG
Hausaufgaben
Referate
Präsentationen

SCHRIFTLICHE ARBEITEN
Klausuren / Facharbeit

PRÜFUNGEN
Abiturprüfung

Fragen:
1. In welchen Bereichen erleben Sie den größten Termindruck?
2. Bestehen Unterschiede zum Termindruck außerhalb der Schule?
3. Wodurch entsteht der Termindruck?
4. Was davon ist durch Sie zu beeinflussen?
5. Was führt dazu, dass sich der Termindruck bei Ihnen wiederholt?

 **Zeit einteilen** Anlage 3

Lust am Termindruck?

Nachteile und Gefahren für mich   Vorteile und Gewinn für mich

_____   _____

_____   _____

_____   _____

_____   _____

_____   _____

_____   _____

_____   _____

_____   _____

Aufgaben:

1. Dass Termindruck unangenehme Seiten hat, ist unbestritten.
   Tragen Sie in die Übersicht oben links ein, welche Nachteile,
   Gefahren, Stresssymptome für Sie persönlich mit Lernen unter
   Termindruck verbunden sind.

2. Überlegen Sie, ob unter Zeitdruck zu lernen für Sie wenigstens
   manchmal nicht auch positive Seiten hat. Vielleicht ziehen Sie
   in einigen Situationen daraus doch Gewinn. Notieren Sie solche
   Punkte in die Übersicht rechts.

 **Zeit einteilen**   **Anlage 4**

Tipps für eine gekonnte Zeiteinteilung

Pädagogisch-psychologische Ratgeber sind voll von Tipps für richtiges Zeitmanagement. Einige Ratschläge finden Sie hier:

Tipps für eine gekonnte Zeiteinteilung

1. Halten Sie kurz-, mittel- und langfristig zu erledigende Aufgaben fest im Blick.
2. Setzen Sie sich für die Erledigung von Aufgaben Termine und zeitliche Grenzen. Wann muss ich anfangen? Wann muss es fertig sein?
3. Nehmen Sie bei der Planung von Aufgaben auf Ihren Biorhythmus Rücksicht.
4. Vermeiden Sie zu lange Lernabschnitte. Zur Arbeitszeit gehören auch Pausen.
5. Lassen Sie Zeiträume völlig unverplant und lassen Sie Zeitreserven für unvorhergesehene Störungen.
6. Wechseln Sie Ihre Tätigkeiten ab, aber verzetteln Sie sich nicht in zu kleinen Aktivitäten.
7. Erledigen Sie Routinearbeiten, wenn Ihre Energiekurve sinkt.
8. Nutzen Sie Zwischenstunden und Leerzeiten im Tagesablauf.
9. Werfen Sie einen einmal erstellten Arbeitsplan nicht leichtfertig um, passen Sie ihn aber veränderten Bedingungen an.
10. Schieben Sie das Anfangen nicht ständig hinaus.
11. Nehmen Sie sich nicht mehr vor, als Sie realistischerweise schaffen können.
12. Vermeiden Sie „heimliche Pausen".
13. Machen Sie zuerst das, was wichtig und dringlich ist, selbst wenn anderes Ihnen mehr Spaß bringen würde.
14. Sagen Sie „Nein", wenn Sie sich gestört fühlen.
15. Sorgen Sie für Abwechslung bei Ihren Arbeiten.
16. Erledigen Sie Aufgaben, wenn Sie dafür fit sind, nicht last minute.
17. Unterteilen Sie, was zu erledigen ist, in so genannte Muss- und Kann-Aufgaben.
18. Planen Sie Unerledigtes für den nächsten Tag konkret ein.
19. Entschuldigen Sie Ihr Vermeidungsverhalten nicht.
20. Belohnen Sie sich, wenn Sie Pläne eingehalten und Zwischenziele erreicht haben.

Aufgabe:
Veranstalten Sie ein „Expertenpodium" zur Frage der gekonnten Zeiteinteilung.
Verteilen Sie die zwanzig aufgelisteten Tipps auf vier „Expertengruppen". Sie sind pädagogisch-psychologische Fachleute und vertreten Ihre Tipps bei einer Podiumsdiskussion. Eine fünfte Gruppe bildet das interessierte Publikum. Es sind Schüler, Eltern, Lehrer, die vom Zeitproblem betroffen sind. Sie bereiten sich in Kleingruppen auf die Gesprächsrunde vor, indem Sie Ihre wissenschaftlichen Erkenntnisse beziehungsweise Ihre konkreten Erfahrungen, Sorgen und Probleme mit dem Umgang mit der Zeit formulieren. Für das Podium werden vier Experten ausgelost, die mit dem Publikum diskutieren. Ein Schüler oder der Lehrer moderiert diese Veranstaltung.

5 Prüfungen bewältigen: Stress verringern

Ziele und Überblick

- mentale Einstellung im Blick auf Prüfungen bewusst machen
- eigene Reaktionen bei Stresssituationen durchschauen
- Strategien kennen, mit Prüfungsstress und -angst umzugehen
- Erfahrungen bei schriftlichen Prüfungen auswerten

A Bewältigungsstrategie: positive Selbstinstruktion
B Reaktionen auf Prüfungsstress
C Bewältigungsstrategie: Kontrolle des Stressors
D Empfehlungen für Prüfungen
E Erfahrungen reflektieren: Schriftliche Prüfungen
F Aus der Sicht des Prüfers

Kontext

Obwohl auch außerschulisch bei vielen Jugendlichen Erfahrungen mit Prüfungen vorliegen, haben sie dennoch oft noch nicht ausreichend Routine und Souveränität in Prüfungssituationen entwickelt. Das zeigt sich deutlich an angstbesetzten Reaktionen auf bevorstehende Abiturprüfungen. Letzteres trifft besonders für die mündlichen Prüfungen zu, die im unterrichtlichen Rahmen weniger trainiert werden als die schriftlichen, an die die Schüler durch Klausuren gewöhnt sind.

Ein großer Teil der Ressourcen für die kognitive Lernarbeit und die Leistungsfähigkeit wird durch die körperlichen Folgen der negativen Stresssituation absorbiert. Überforderung, Blockaden, Hemmung der Gedanken, Verspannungen und negative Selbstwertgefühle sind die Folgen (vgl. dazu den Text von SCHEUNPFLUG 2001 in Baustein 10: Sachtexte erschließen). Demgegenüber kann Stress in begrenztem Maße die Leistungsfähigkeit erhöhen, sofern bestimmte Voraussetzungen gegeben sind.

Die folgenden mehrteiligen Unterrichtsvorschläge gehen insbesondere auf Abiturprüfungen ein. Sie sind in modifizierter Form auf alle Prüfungssituationen übertragbar, in denen es darum geht, Stresserscheinungen zu bewältigen. Es wird selbstverständlich nicht erwartet, dass die Schüler durch die Erarbeitung dieses Bausteins ihre Prüfungsängste verlieren. Ein solch tiefer Eingriff in individuelle Reaktionen ist durch eine Behandlung des Themas im Unterricht nicht möglich. Auch sollen keine Patentrezepte vermittelt werden, Ängste zu kanalisieren. Das Gespräch über belastende Prüfungssituationen kann aber helfen, sich über eigene Reaktionsmuster klar zu werden, deren Wirkungsweise zu verstehen und durch den Austausch mit anderen Betroffenen entlastend wirken.

Medien

Thema	Anlage	Titel	Form / Material
A	1	„Den Sieger erkennt man am Start."	Kopie je Schüler
B	2	Lampenfieber: Eine Reaktion auf Stress	Kopie je Schüler Folie
C	3	Bewältigungsstrategie: Kontrolle über den Stressor	Kopie je Schüler
D	4a 4b	Darauf kommt es an! Prüfungsempfehlungen, die mir wichtig sind	Kopie je Schüler / je Schüler einen Bogen Papier im Format DIN-A3, Klebestifte, Scheren,
E	5	Rückmeldung: Erfahrungen mit schriftlichen Prüfungen	Tafelanschrieb oder Flipchart
F	6	Rollenwechsel: Die Sicht des Prüfers	Kopie je zwei Schüler

Themenfolge

A   Bewältigungsstrategie: positive Selbstinstruktion

In Zeiten hoher Anforderung treten häufig Gedanken auf wie „Das klappt nicht!", „Ich schaffe das nicht!" oder „Ich fühle mich unsicher und unwohl".
    Eine positive Sicht auf bevorstehende Prüfungen ermöglicht eher Leistungen im Rahmen des Machbaren. Negative schwächen die Leistungsfähigkeit,

schlechtere Ergebnisse sind die Folge. Durch die positive Selbstinstruktion können negative Gedanken und Gefühle unter Kontrolle kommen und das Angstgefühl kann gezähmt werden. „Den Sieger erkennt man [deshalb] am Start. Den Verlierer übrigens auch." (R.K. SPRENGER 2002, S. 164)

In den Übungen werden Wege aufgezeigt, wie man lernen kann, mit Prüfungssituationen umzugehen und den damit verbundenen Angstgefühlen zu begegnen. Innere Dialoge mit positiver Aussage können Angst mindern und so die Leistungsfähigkeit stabilisieren. Die Selbstinstruktionen (Anlage 1) zielen darauf, eine positive Selbsteinschätzung aufzubauen und die Leistungsmöglichkeiten realistisch zu bewerten.

Die Schüler sollen über diese Methode die Bewältigungsstrategie „Dramatisieren" kennen lernen: Sie sammeln zunächst negative Selbstaussagen, die sie aus schulischen Erfahrungen mit Stresssituationen und Prüfungsdruck kennen, indem sie ihre Einstellungen formulieren. Diese werden in die drei Kategorien „vor, während und nach der Stresssituation" in die Tabelle eingetragen. Dann werden Kleingruppen gebildet, die eine dieser Aussagen als Szenario dramatisieren. Dieses wird auf Moderationskarten notiert und ausgehängt. Einige der Szenarien werden vorgestellt. Im Plenum wird die Absurdität festgestellt, die aus diesen übersteigerten Gedanken an bedrohlich wirkende Prüfungen entsteht. So kann die selbst produzierte Demotivierung bereits von den Schülern erkannt werden. Die in der Tabelle erfassten negativen Aussagen werden darauf folgend von den Schülern in positive übersetzt (vgl. METZGER 2001, S. 80). Ziel der Methode der positiven Selbstinstruktion ist, sich selbst stabilisierend zu beeinflussen und negative Denkmuster zu erkennen. Es ist ein Weg, mit möglichen Angstgefühlen umzugehen. Die veränderte Bewertung einer bedrohlich wirkenden Situation führt dazu, dass sie weniger angstbesetzt ist. Die Schüler stellen ihre Ergebnisse vor und leiten daraus generelle Tipps für eine positive Selbstinstruktion ab.

B Reaktionen auf Prüfungsstress

Jeder hat bereits Reaktionen wie Lampenfieber oder Ähnliches in Stresssituationen erlebt. Das Informationsblatt (Anlage 2) zeigt mögliche Reaktionen, die bei jedem unterschiedlich ausgeprägt sein können (vgl. ZIMBARDO 1999, S. 371). Krankhafte Reaktionen, die bei Dauerbelastungen entstehen können und in diesem Zusammenhang in den Lehrbüchern unter Stress auftauchen, sind hier nicht erwähnt, um über die Aufregung nicht unnötig zu erhöhen. Diese Information dient dazu, dass die Schüler prüfen, inwiefern

sie sich in diesen Beschreibungen wiedererkennen. Sie sollen ihre individuellen Reaktionen auf Stressbelastungen nicht als Schwäche interpretieren,
sondern als naturgemäß akzeptieren. Die Übersicht wird von der Lehrkraft
mit einer Folie vorgestellt. Bewältigungsstrategie heißt hier Wissen über
Reaktionen und Kenntnis eigener Reaktionsweisen.

C   Bewältigungsstrategie: Kontrolle des Stressors

In Anlage 3 sind vier Bewältigungsstrategien vorgestellt, die auf unterschiedlichen Ebenen bewirken können, dass ein Stressor kontrolliert werden kann (vgl. ZIMBARDO 1999, S. 385). Bei der Übung werden die Schüler
aufgefordert, sich anschaulich vorzustellen, eine bevorstehende Prüfung belaste sie. Nun übertragen sie die vier Kontrollmöglichkeiten in Einzelarbeit
auf die von ihnen gewählte Situation. Im Plenum wird abschließend besprochen, in welchen schulischen Situationen und unter welchen Bedingungen
diese Strategie, Prüfungsangst zu bewältigen, Erfolg versprechend erscheint und was der Einzelne bei seiner Prüfungsvorbereitung dafür konkret
tun kann.

D   Empfehlungen für Prüfungen

Eine Sammlung verschiedener Strategien zur erfolgreichen Bewältigung
von Prüfungen ist in Anlage 4a gegeben. Die Schüler verfahren in Einzelarbeit entsprechend den Instruktionen und der Layout-Vorlage (Anlage 4b):
Empfehlungen lesen, die für sie wichtigen ausschneiden, der Bedeutung entsprechend auf den vorbereiteten Karton aufkleben, eventuell etwas mit
Farbstiften betonen. Das Ergebnis dient als Erinnerung bei der Vorbereitung
für eine kommende Prüfung. Da jeder andere Probleme bei Prüfungen hat,
kann über diese Methode indirekt individuelle Unterstützung geboten werden.

E   Erfahrungen reflektieren: Schriftliche Prüfungen

Mehrstündige schriftliche Klausuren, zum Beispiel die Klausur unter Abi-
turbedingungen, sind für Schüler nicht nur fachlich herausfordernd. Um die
emotionalen und prüfungsmethodischen Anforderungen selbstkritisch zu
reflektieren, bietet sich die folgende konstruktive Reflexionsmethode (Anla-

ge 5) an, die besonders für den Fachunterricht geeignet ist. Die Schüler sollen entsprechend dem in der Grafik gezeigten Pfeil die Fragen zu ihren Erfahrungen bei ihrer letzten schriftlichen Klausur beantworten. Dies kann je nach Vertrautheit der Gruppenmitglieder untereinander mündlich oder schriftlich erfolgen. Die Besonderheit dieser Rückmeldungsmethode ist, dass differenzierte und nicht polarisierte Antworten wie nur positive oder nur negative erfolgen. Zudem wird gleichzeitig die Methoden- und Sachebene angesprochen. Entsprechend der Pfeilrichtung beginnt man mit einer positiven Aussage, danach folgen kritische und man endet wieder positiv.

F   Aus der Sicht des Prüfers

Eine bevorstehende Prüfung aus anderer Perspektive zu betrachten, kann Befürchtungen entkräften und die emotional belastende Situation relativieren. In dieser Phase wird der Blick auf mündliche Prüfungen gerichtet. Die Schüler beantworten in Kleingruppen mit drei Schülern die Interviewfragen aus der Sicht von erfahrenen Prüfern (Anlage 6).

Die Antworten werden im Plenum zusammengetragen und daraus wird ein Erwartungshorizont für mündliche Prüfungen erstellt. In diesem Fall ist auch eine Lösung des Lehrers erwünscht, der über Prüfungserfahrungen verfügt. Er beantwortet die Interviewfragen aus seiner Sicht und stellt sie im Plenum vor, nachdem die Schüler ihre Antworten gegeben haben. Der Perspektivwechsel verdeutlicht, dass die Schüler im Rahmen einer Prüfung lediglich eine Rolle spielen, nämlich die des Prüflings. Durch diese Methode können sie sich von möglicherweise erwarteten irrationalen Ansprüchen befreien.

Abschließend wird schriftlich in Einzelarbeit folgende Frage beantwortet:

■ Welche Folgerungen leiten Sie für Ihre Einstellungen und Ihr eigenes Handeln bezogen auf mündliche Prüfungen ab?

Querverweise

Baustein 10: Sachtexte erschließen (Anlage 7)
Baustein 11: Aufgaben verstehen
Baustein 12: Wissen behalten
Baustein 15: Gut präsentieren

 **Prüfungen bewältigen**   **Anlage 1**

„Den Sieger erkennt man am Start."

1. Notieren Sie in die Tabelle, welche negativen Gedanken Ihnen im Zusammenhang mit schulischen Prüfungssituationen am Tag der Prüfung durch den Kopf gehen. Denken Sie an die Zeit unmittelbar vor, während und nach der Prüfung, zum Beispiel unmittelbar nach dem Aufwachen, auf dem Weg zur Schule, beim Austeilen der Aufgaben, nach Abgabe der Arbeit.

	1. negative Selbstaussage	2. positive Selbstaussage
vor der Stresssituation		
während der Stresssituation		
nach der Stresssituation		

2. Wählen Sie eine negative Selbstaussage aus und dramatisieren Sie diese. Entwickeln Sie in Kleingruppen Szenarien, was schlimmstenfalls bei einer Prüfungssituation passieren könnte. Malen Sie sich ihre schlimmsten Befürchtungen bis zum Ende anschaulich aus. Sie dürfen unrealistisch sein! Was wird passieren? Schreiben Sie Ihre Szenarien auf Karten und stellen Sie diese anschließend im Plenum vor.

3. Wandeln Sie die in der Tabelle stehenden negativen Selbstaussagen in positive um. Diese sollen realistisch sein. **Sie** sollen sich von den Aussagen überzeugen lassen und diese für sich annehmen können. Nur solche positiven Selbstinstruktionen sind wirksam, an die Sie glauben können. Erstellen Sie eine Liste von Tipps für eine positive Selbstinstruktion.

 **Prüfungen bewältigen** **Anlage 2**

Lampenfieber: Eine Reaktion auf Stress

Stressor (z. B. Prüfung)	Prüfling	Ressourcen
physische Belastung psychische Anspannung soziale Erwartung	physiologische Voraussetzung (Gesundheit, Konstitution), psychische Voraussetzungen (seelische Gesundheit, Selbstkonzept)	z. B. fachliche und methodische Kompetenzen, Bewältigungsstil usw.

mögliche Reaktionen:
Jeder reagiert anders auf die Belastung durch eine Stresssituation.
Die Auswirkungen sind wirksame und normale Reaktionen des Körpers
auf die Besonderheit der Situation, selbst wenn sie als unangenehm
empfunden werden. Positive Auswirkungen sind zunächst, dass der
Körper blitzschnell reagieren kann. Dadurch ist man zu außerordentlichen
Leistungen fähig.

physiologisch	muskulär	emotional	kognitiv
trockener Mund	nervöse Gestik	Angstgefühle	Tagträumen
Kloß im Hals	starre Mimik	Unsicherheit	negative Gedanken
Herzklopfen	Zähneknirschen	Unausgeglichen-heit	Leere im Kopf
flaues Gefühl im Magen	Fußwippen	Gereiztheit	Konzentrations-mangel
weiche Knie	Spannungs-kopfschmerz	Nervosität	Gedankenkreisel
Schwitzen	Faustballen	Unruhe	Denkblockade
Erröten	Stottern		Gedankenenge
Schlafstörungen	Verspannungen		

 **Prüfungen bewältigen**　　　　　　　　　　**Anlage 3**

Bewältigungsstrategie: Kontrolle über den Stressor

Ein wichtiger Faktor bei der Stressbewältigung liegt darin, den Stressor zu kontrollieren. Dadurch hat man das Gefühl, den Verlauf oder die Folgen besser beeinflussen zu können. Die Bedrohung wird geringer. Störungen der belastenden Situation werden weniger wirksam, weil die Bedeutung des Stressors reduziert ist.

Die Bedeutung eines Stressors kann durch vier Kontrollmöglichkeiten reduziert werden:

1. Informationskontrolle: Sie wissen, was Sie erwartet.

2. Kognitive Kontrolle: Sie denken über das Ereignis anders und konstruktiv.

3. Entscheidungs-kontrolle: Sie können über alternative Handlungen entscheiden.

4. Verhaltenskontrolle: Sie ergreifen Maßnahmen, um die negativen Auswirkungen des Ereignisses zu reduzieren.

Übung:
Nehmen Sie folgende Situation an: Stellen Sie sich anschaulich vor, Sie belaste eine bevorstehende Prüfung. Damit Sie die Situation steuern können, setzen Sie die vier Kontrolltypen ein. Beschreiben Sie, wie Sie den Stressor auf den vier Ebenen kontrollieren können.

1. _____

_____

2. _____

_____

3. _____

_____

4. _____

_____

 **Prüfungen bewältigen** Anlage 4a

Darauf kommt es an!

Folgende Empfehlungen beziehen sich auf Strategien, Prüfungen erfolgreich zu bewältigen.

1. Lesen Sie die folgenden Ratschläge.
2. Ergänzen Sie gegebenenfalls einen Tipp, der Ihnen noch wichtig ist.
3. Schneiden Sie die Kästchen auseinander und gewichten Sie deren Inhalt für sich.
4. Kleben Sie die für Sie wichtigste Empfehlung in das Zentrum der Grafik auf dem Arbeitsblatt, wichtige in Zentrumsnähe, weniger wichtige nach außen.
   Für Sie unbedeutende werden nicht verwendet.
   Mit Farbstiften können Sie zusätzlich etwas betonen.

Sagen Sie sich auf dem Weg zur Prüfung, dass Sie sich gut vorbereitet haben. Führen Sie sich bewusst vor Augen, was Sie bereits können.	Lassen Sie sich nicht durch andere Prüfungsteilnehmer irritieren, wenn sie aufzählen, was sie alles gelernt und vorbereitet haben. Bleiben Sie gelassen.	Vermeiden Sie es, in Bereiche zu gehen, die wegen der Prüfungen eine aufgeregte oder gespannte Atmosphäre ausstrahlen.
Lesen Sie sich alle Aufgaben genau durch und beachten Sie die Instruktionen.	Konzentrieren Sie sich auf die geforderten Antworten. Beschränken Sie sich darauf, auch wenn Sie noch viel mehr zu diesem Thema gelernt haben.	Wenn Sie eine Aufgabe nicht beantworten können, dann gehen Sie weiter zur nächsten. So verschenken Sie keine wertvolle Zeit.
Gehen Sie stets mit dem Gefühl in die Prüfung, dass Sie eine Menge wissen, selbst wenn Sie vielleicht nicht alles wissen.	Bereiten Sie sich sorgfältig fachlich vor: Zu einer guten Prüfungsvorbereitung gehört zuallererst die fachliche Kompetenz.	Verwenden Sie für Ihr Konzept bewährte Methoden, mit denen Sie schnell und übersichtlich die Lösung der Aufgabe strukturieren können. Das macht den Kopf frei und Sie behalten den Überblick.
Gewichten Sie Ihre Antworten entsprechend der Aufgabe.	Stellen Sie detailliert zusammen, welche Materialien zur Vorbereitung nötig sind.	Verstellen Sie sich Lösungswege nicht durch kompliziertes Denken!
Wenden Sie Strategien zum Umgang mit der Zeit an! Wenn Sie nicht in Zeitnot geraten, kommt weniger Angst auf.	Achten Sie auf Symptome wie: Bin ich mit meinem Zeitkonzept in Verzug? Beginne ich dem Unterricht fernzubleiben, um mich stattdessen auf eine Prüfung vorzubereiten?	Schätzen Sie Ihr Können gemessen an den Anforderungen realistisch ein. Zu hoch oder niedrig gesetzte Ansprüche mindern die Leistungsfähigkeit.
Wenn Sie mehrere Fächer vorbereiten müssen, wechseln Sie zwischen den verschiedenen Fächern ab. Wenn Sie nur ein Fach vorbereiten, dann gehen Sie zwischendurch auch anderen Tätigkeiten nach.	Prüfungsnervosität ist normal und wird vom Prüfer akzeptiert!	Angst darf keine Entschuldigung für fehlende Anstrengungsbereitschaft oder fehlendes Wissen sein.
Machen Sie sich frühzeitig mit den Anforderungen, den Ritualen und der Situation vertraut.	Korrigieren Sie gegebenenfalls Ihren Zeitplan.	Wenn Sie eine langfristige Prüfung mit mehreren Fächern vorbereiten, dann schätzen Sie den Anteil pro Fach realistisch ein.
Gehen Sie vom Ganzen aus, verlieren oder verbeißen Sie sich nicht in Details.	Lernen Sie aktiv mit methodischen Tricks wie Mind-Map, Tabellen, Skizzen, Spickzetteln.	Überschätzen Sie den Wert einer Prüfung nicht, aber dramatisieren Sie die vermutete Situation oder Ihre Reaktion auch nicht.
Denken Sie an Ihre körperliche Fitness: Ernähren Sie sich ausgewogen, bewegen Sie sich und schlafen Sie ausreichend.	Machen Sie gezielt kleinere Pausen und erholen Sie sich dann bewusst.	

 **Prüfungen bewältigen**   **Anlage 4b**

Prüfungsempfehlungen, die mir wichtig sind

Übertragen Sie das Layout auf einen Karton mindestens im Format DIN A3.
Kleben Sie darauf Ihre Empfehlungen entsprechend Ihrer Gewichtung.

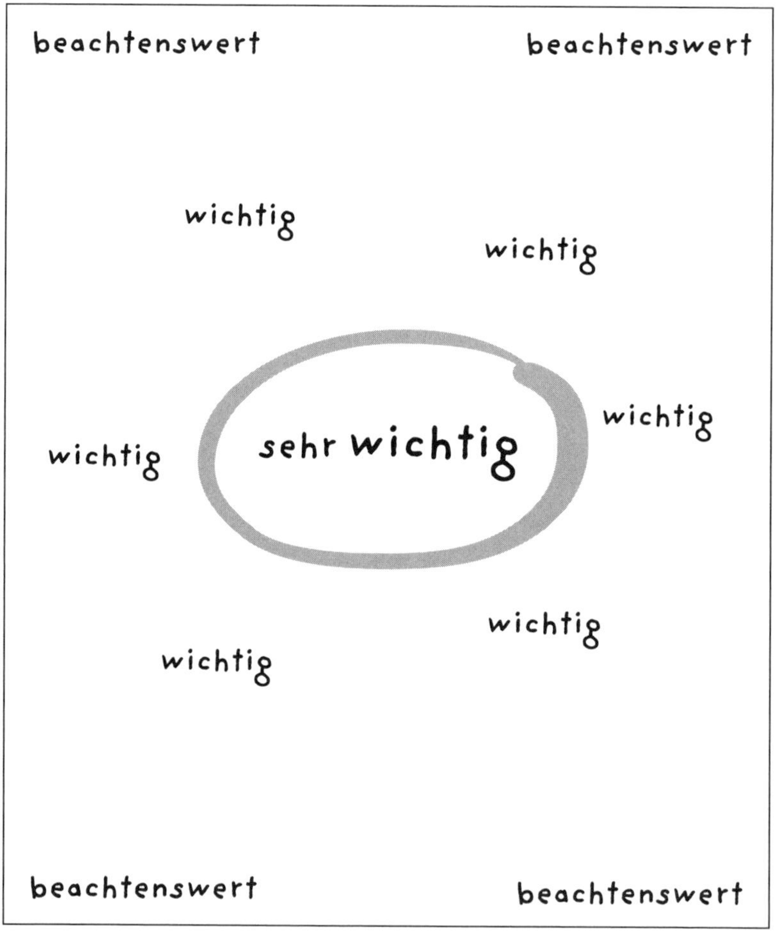

beachtenswert   beachtenswert

wichtig

                       wichtig

                                  wichtig

sehr wichtig

wichtig

                              wichtig

                wichtig

beachtenswert   beachtenswert

Anlage 6

Rollenwechsel: Die Sicht des Prüfers

Setzen Sie sich in einer Dreiergruppe zusammen und stellen Sie sich vor, Sie seien Prüfer in mündlichen Prüfungen. Ihnen werden schriftlich Interviewfragen gestellt. Einigen Sie sich in Ihrer Kleingruppe auf eine Antwort, die Sie schriftlich stichwortartig hinter die Frage eintragen.

Fragen an den Prüfer

1. Welches Interesse verfolgen Sie in den Prüfungen?

2. Inwiefern ist eine Prüfungssituation auch für Sie etwas Besonderes?

3. Was wünschen Sie sich im Hinblick auf fachliche Kenntnis und Methodenkompetenz des Prüflings?

4. Welche Kriterien machen eine interessante Prüfung aus?

5. Welche Sorgen bewegen Sie während einer Prüfung?

6. Wie verhalten Sie sich, wenn der Prüfling nicht weiter weiß?

7. Was könnte Sie ärgern im Hinblick auf das Auftreten in der Prüfung?

8. Welche Empfehlung würden Sie aus Ihrer Erfahrung heraus Prüfungen noch geben wollen?

© Cornelsen Verlag Scriptor   Selbst-, Methoden- und Sozialkompetenz

---

Anlage 5

Rückmeldung:
Erfahrungen mit schriftlichen Prüfungen

Beantworten Sie folgende Fragen im Blick auf Ihre letzte Klausur in der durch den Pfeil angegebenen Reihenfolge.

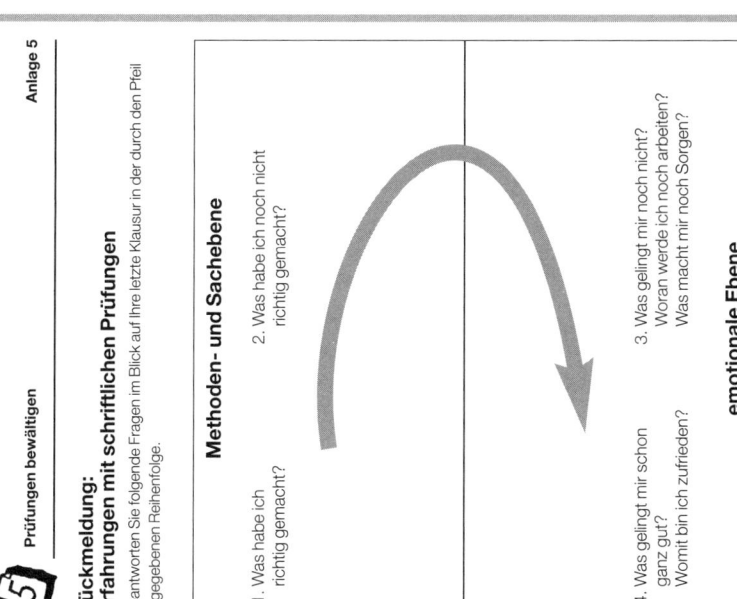

Methoden- und Sachebene

1. Was habe ich richtig gemacht?

2. Was habe ich noch nicht richtig gemacht?

3. Was gelingt mir noch nicht? Woran werde ich noch arbeiten? Was macht mir noch Sorgen?

4. Was gelingt mir schon ganz gut? Womit bin ich zufrieden?

emotionale Ebene

© Cornelsen Verlag Scriptor   Selbst-, Methoden- und Sozialkompetenz

6 Kursreflexion gestalten: Unterrichtserfahrungen

Ziele und Überblick

- Erfahrungen mit Unterricht, Inhalten, Anforderungen, Methoden, Bewertungen oder der Lerngruppe in eine Gestaltungsarbeit übersetzen
- durch den Gestaltungsprozess die persönliche Einschätzung klären und mitteilen
- Vereinbarungen treffen für die weitere Unterrichtsarbeit

A Vorbereitende Hausaufgabe
B Präsentationen
C Auswertung

Kontext

Gerade in langfristig intensiv arbeitenden Gruppen wie in Klassen oder Leistungskursen ist eine offene kritische Betrachtung zum Abschluss einer Unterrichtseinheit oder zum Ende des Kurshalbjahres für die weitere Arbeit nützlich. Es sollten möglichst ehrliche Einschätzungen zusammengetragen und ausgetauscht werden. Das kann in verschiedenen Formen mündlich oder schriftlich geschehen, aber auch gestalterisch. Auf diese Weise können interessante Hinweise gewonnen werden, wie Schüler Unterricht wahrnehmen. Diese Form der Evaluation schließt ein, die eigene Perspektive um die anderer zu ergänzen. Dieser Baustein verbindet gemeinsames Nachdenken über den Unterricht mit Abstraktionsfähigkeit und Kreativität. Das gestaltete Objekt dient nicht als Gegenstand einer anschließenden künstlerischen Bewertung, sondern ist vergegenständlichter Ausdruck einer Einschätzung. Es soll Stütze, Orientierung und eventuell auch Ventil sein, sich in der Lerngruppe gegebenenfalls auch kritisch zu äußern. Das praktische Gestalten erlaubt einen subjektiven Zugang zur Reflexion, der nicht oder kaum durch das mündlich oder schriftlich formulierte Wort kontrolliert wird. Insofern ist die Gestaltungsaufgabe ein Weg, im praktischen Tun den eigenen Standpunkt zu suchen und auszudrücken.

Die beschriebene – eher indirekte – Reflexionsmethode ist einerseits gut einsetzbar, wenn die Atmosphäre in einer Lerngruppe so ist, dass sich nicht alle verbal offen äußern mögen, oder wenn Unbehagen spürbar ist, das noch nicht differenziert artikuliert werden kann. Andererseits ist die Gestaltungsaufgabe aber auch geeignet, wenn die Lernatmosphäre eher unkompliziert-unbelastet ist und traditionelle Verfahren der Evaluation, zum Beispiel Fragebögen, als zu distanziert empfunden werden.

Medien

Thema	Anlage	Titel	Form
A	✔	Gestaltungsaufgabe zur Kursreflexion	Kopie je Schüler
C			Moderationskarten in Rot und Grün, Marker

Themenfolge

A   Vorbereitende Hausaufgabe

Das Arbeitsblatt „Gestaltungsaufgabe zur Kursreflexion" (Anlage) wird verteilt. Der Lehrer verdeutlicht die Intention und vereinbart mit den Schülern den Präsentationstermin und -rahmen. Es sollte das Einverständnis aller Beteiligten, sich auf diese Aufgabe einzulassen, eingeholt werden, um sicherzustellen, dass jeder eine Arbeit vorlegt. Die Produktion der Gestaltungsarbeit erfolgt außerhalb des Unterrichts, weil zum einen dort eine ungestörte selbstreflexive Erarbeitung möglich ist und zum anderen die Palette an verwendbarem Material größer ist als im Schulraum. Die benötigten Materialien organisieren sich die Schüler selbst. Die Gestaltungsarbeiten werden zum vereinbarten Zeitpunkt mitgebracht. Dies birgt zudem ein Überraschungsmoment, das entfallen würde, wenn die Arbeiten im Unterricht entstehen würden.

B   Präsentationen

Die Ergebnisse werden im Kurs oder in der Klasse vorgestellt. Um eine geeignete Gesprächsatmosphäre und Nähe zu den Gestaltungsarbeiten zu schaffen, bietet sich ein Stuhlkreis an. Die Reihenfolge der Präsentationen kann durch freiwillige Meldung, thematische Verwandtschaft, Zufall oder Wahl durch den zuvor vortragenden Schüler bestimmt werden. Der Produzent sollte Gelegenheit erhalten, seine Arbeit zu präsentieren und seine Gedanken konzentriert unkommentiert vorzutragen. Die subjektive Wahrnehmung von Unterricht kommt durch diese Gestaltungsaufgabe besonders gut zum Ausdruck. Sie wird relativiert und objektiviert durch den Vergleich mit anderen „Werken" und den Austausch darüber. Sollte die Kursgröße nicht erlauben, dass jeder seine Arbeit im Plenum vorstellt, werden sie in Kleingruppen präsentiert. Die Äußerungen werden in diesem Fall statt vom Lehrer von einem Gruppenmitglied protokolliert und für die Auswertung im Plenum zusammengetragen.

C   Auswertung

Aufgabe des Lehrers während der Präsentation ist, die Einschätzungen knapp auf vorbereitete Moderationskarten zu protokollieren. Er notiert positive auf grüne, negative auf rote Karten. Am Ende aller Präsentationen werden die Karten an die Tafel gehängt und kategorisiert. Die Auswertung fragt nach den für die weitere Kursarbeit wichtigen Schlussfolgerungen. Sie sollten konkret an den Aspekten ansetzen, die die Schüler mit ihren Werken oder in ihren Äußerungen positiv oder negativ hervorgehoben haben.

Querverweise

Baustein 24: Erfahrungen bewerten
Baustein 25: Andere verstehen

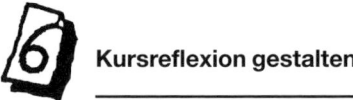

Kursreflexion gestalten **Anlage**

Gestaltungsaufgabe zur Kursreflexion

Unsere Unterrichtsarbeit verdient einen bewertenden Rückblick.
Dies soll in einer ungewöhnlichen Form erfolgen:

Drücken Sie Ihre Einschätzung des Unterrichts in einer Gestaltungsarbeit aus. Konzentrieren Sie sich auf einen Ihnen bedeutsamen Aspekt unseres Unterrichts, zum Beispiel auf Inhalte, Anforderungen, Methoden, Bewertung oder die Lerngruppe.

Sie können ein Bild, eine Collage oder ein plastisches Objekt in einer frei gewählten Technik anfertigen. Es gibt keine Vorschriften dafür außer der Empfehlung, keine symbolisch besetzten Motive für Ihre Aussagen zu verwenden und eigene Gestaltungsentscheidungen zu treffen, die für den Betrachter zu entschlüsseln und verständlich sind. Entwickeln Sie eine originelle Lösung.

Alle Arbeiten werden dann im Kurs vorgestellt.
Die Präsentation ist Anlass, Bilanz zu ziehen, um uns über unsere Standpunkte auszutauschen und unsere zukünftige Kursarbeit weiterzuentwickeln.

Gutes Gelingen!

7 Unterricht reflektieren: Feedback

Ziele und Überblick

- Verantwortung für sich selbst und für die Gruppe zeigen
- die eigene und fremde Mitarbeit im Unterricht kritisch beleuchten
- Mitschülern wie Lehrern begründetes Feedback geben

A Fragebogen
B Auswertung
C Variationen

Kontext

In der Sekundarstufe II muss ein wesentliches Ziel sein, dass die Schüler lernen, ihre Stärken und Schwächen im Lernen einzuschätzen. Außerdem geht es darum, sie zu befähigen, sich realistische Ziele für ihre schulische Arbeit zu setzen und immer wieder selbstkritisch zu prüfen, inwiefern diese erreicht sind. Dadurch werden sie zunehmend von fremder Beurteilung unabhängig. Die eigenen Lernstrategien und Lernergebnisse zu kontrollieren und, wenn nötig, das eigene Verhalten zu verändern, ist eine Grundlage für erfolgreiches Lernen und ein eigenes Bildungsziel als Schlüsselqualifikation in Schule, Studium und Beruf (vgl. WINTER 2003, S. 11). Schüler lernen durch Selbst-Evaluation, sich für ihre Lernprozesse mitverantwortlich zu fühlen und Gestaltungsspielräume für sich zu entdecken. So kann eine Feedback-Kultur aufgebaut werden, die selbstverständlich wird. Dazu gehört, dass sich alle am Lernprozess Beteiligten in einem Klima des gegenseitigen Respekts wechselseitig mitteilen, was sie über das Lernen und die Leistungen denken. Schüler nehmen erfahrungsgemäß die Gelegenheit zur kritischen Selbst- und Fremdeinschätzung ernsthaft, engagiert und oftmals überraschend ehrlich wahr, wenn sie erfahren haben, dass ihr Urteil geschätzt wird und Einfluss auf den Unterricht hat.

Unterricht in Lernkompetenz kann die Fähigkeit zum personen- und sachgerechten Feedback nicht isoliert vom Fachunterricht oder von anderen Unterrichtsveranstaltungen wie Projektarbeit, Seminar oder Arbeitsgemeinschaft einüben. Das Material kann von Lehrern immer eingesetzt werden, wenn es um Fragen wie diese geht:

▨ Welche Ziele hatten wir uns gesteckt?
▨ Wie weit haben wir erreicht, was wir wollten?
▨ Was ist gelungen? Was ist schwer gefallen?
▨ Wie sind wir miteinander in der Lerngruppe umgegangen?
▨ Was hat uns überrascht?
▨ Wie lässt sich unsere Unterrichtsarbeit verbessern?

Medien

Thema	Anlage	Titel	Form
A	1	Rückblick auf den Unterricht	Kopie je Schüler
Variation	2	Blitzumfrage	ein Exemplar

Themenfolge

A   Fragebogen

Ein Beispiel für eine Unterrichtsreflexion als bewährte Methode in schriftlicher Form zeigt der Fragebogen „Rückblick auf den Unterricht" (Anlage 1). Am Ende einer Unterrichtseinheit wird der Fragebogen einzeln in Ruhe ausgefüllt. Eine Nennung des Namens ist nicht nötig.

B   Auswertung

Nach der Auswertung durch den Lehrer oder eine Schülergruppe werden die zusammengefassten Ergebnisse in der darauf folgenden Stunde mit den Kursteilnehmern besprochen und mögliche Konsequenzen für die weitere Arbeit diskutiert, denn das Material dient nicht nur der Selbstreflexion, sondern ist ein wesentlicher Gesprächsanlass für sowohl Lehrer als auch Schüler.

Es bewährt sich, zunächst die Punkte weiterzudenken, die als neu, hilfreich und positiv benannt worden sind. So wird eine aus dem Alltag oft bekannte

Fixierung auf Negativ-Kritik vermieden und den Schülern wird deutlich, dass Rückmeldung ein konstruktives Ziel hat: die gemeinsame Verbesserung und Weiterentwicklung des Lernens.

Variation: Blitzumfrage

Eine Blitzumfrage ist etwas weniger zeitaufwändig und als Feedback schon nach einer Einzel- oder Doppelstunde einsetzbar. Die Lerngruppe erhält vier Satzanfänge auf einem ausgedruckten DIN-A4-Blatt (Anlage 2). Es wird der Reihe nach von Schüler zu Schüler herumgegeben. Wer an der Reihe ist, setzt jeden Satz so fort, dass eine für ihn wichtige Aussage entsteht. Durch solche Methoden kann das Bewusstsein geschult werden, dass jede Lernphase reflektiert werden kann. Sie sollte gemeinsam ausgewertet werden.

Querverweise

Baustein   2: Motivation klären
Baustein   6: Kursreflexion gestalten
Baustein   8: Lernerfolge einschätzen
Baustein 24: Erfahrungen bewerten
Baustein 28: Prozesse reflektieren

Anlage 2

Blitzumfrage

Für mich war wichtig...

Gut fand ich ...

Schwierig war ...

Ändern würde ich ...

Anlage 1

Rückblick auf den Unterricht

Ergänzen Sie die Aussagen und geben Sie Ihre Erfahrungen und Einschätzungen des Unterrichts damit wieder. Dadurch verdeutlichen Sie, was Sie für besonders wichtig halten. Zugleich geben Sie damit dem Kursleiter eine Rückmeldung über die gemeinsame Arbeit.

1. Die größte Herausforderung war ...

2. Das Besondere am Lernen in dieser Unterrichtseinheit war ...

3. Lernzuwachs ergab sich durch ...

4. Arbeitseinsatz und Arbeitsbelastungen in dieser Unterrichtsphase ...

5. Positives beziehungsweise Negatives zum Verhalten der Kursgruppe ...

6. Als Kursleiter/in würde ich beim nächsten Mal ...

7. Und außerdem ...

8 Lernerfolge einschätzen: Projektarbeit

Ziele und Überblick

- projektorientierte Lernfähigkeiten und Kompetenzen kritisch prüfen und einschätzen
- Lernerfolge in der Projektarbeit kontrollieren

A Selbsteinschätzung von Kompetenzen
B Projektauswertung im Plenum
C Gespräch über die individuelle Leistungsbeurteilung

Kontext

In den zurzeit gültigen Richtlinien vieler Bundesländer sind Projekte als Unterrichtsform auch in der Sekundarstufe II vorgeschrieben. Die Begründungen dafür überzeugen, und viele Lehrer integrieren in den Unterrichtsalltag Phasen, in denen die Schüler selbstständig projektorientiert arbeiten können. Problematisch ist allerdings häufig die Beurteilung der Schülerleistungen und Lernerfolge, denn als integrales Element des Kursunterrichts in der gymnasialen Oberstufe werden Schüler auch in offenen Unterrichtsformen bewertet. Noten in traditioneller Form zu geben wäre allerdings mit den Grundgedanken des Projektlernens nur schwer vereinbar. Die Leistungsbewertung in Projektphasen sollte nicht nur ergebnis- und produktorientiert sein, sondern muss den Lernprozess einschließen. Schüler und Lehrer tauschen sich über ihre Einschätzungen des Lernerfolgs aus, denn die Schüler werden nicht nur vom Lehrer bewertet, sondern diagnostizieren ihre Lernerfolge auch selbst und untereinander. Daraus ergibt sich die Notwendigkeit (die allerdings für jeden Unterricht mit erweitertem Leistungsbegriff gilt), einen differenzierten Selbstbebachtungsprozess zu initiieren (vgl. die Anregungen in: GRUNDER/BOHL/BROSZAT 2001, S. 45 ff. und die zahlreichen konkreten Tipps für den Umgang mit dem Bewertungsproblem bei Projekten in: BOHL 2006). Das ist Anliegen dieses Bausteins.

Vor Beginn des Projektes verständigen sich die Beteiligten auf Lern- und Leistungsbereiche, die besonders beobachtet werden sollen. Dazu dient ein in verschiedene Kriterien aufgegliedertes Raster, das am Ende der Projektphase ausgefüllt wird. Die Schüler sind durch ihre schulische Sozialisation oft auf ihr Lernergebnis fixiert. Hier wird der Blick auch auf den Lernprozess gelenkt. Der ausgefüllte Bogen dient sowohl der Selbstreflexion der Schüler als auch dazu, die Projektphase in der gesamten Lerngruppe auszuwerten und die Schüler auf der Grundlage der individuellen Leistungsrückmeldung zu beraten. Die Schüler werden sich umso ehrlicher selbst einschätzen, je vertrauter sie mit ähnlichen Verfahren aus dem Unterricht sind und je glaubwürdiger die Lehrer in der Praxis vermitteln, dass sie die Fähigkeit, sich selbst realistisch einzuschätzen, höher bewerten als das Vermeiden von Fehlern.

Das in der Anlage als Beispiel aufgeführte Kriterienraster bezieht sich auf ein fächerkoordinierendes Projekt Leistungskurs Deutsch und Grundkurs Kunst mit produktionsorientiertem Ansatz (vgl. HEUERMANN/KRÜTZKAMP 1998). Es ist den Inhalten und Arbeitsformen des jeweiligen Fachunterrichts anzupassen und mit den Schülern gemeinsam zu entwickeln, damit die Bewertungsgrundlagen transparent sind.

Medien

Thema	Anlage	Titel	Form
A	✓	Selbsteinschätzung von Lernkompetenzen	Kopie je Schüler und Folie
B		Projektauswertung	Folie mit markierten Ergebnissen

Themenfolge

A Selbsteinschätzung von Kompetenzen

Vor Beginn des Projektes wird mit den Schülern gemeinsam geklärt, welche Kriterien zur Beurteilung im fachlichen, methodischen und sozial-kommunikativen Lernen die Bewertungsgrundlage bilden sollen. Das hier vorgestellte Beispiel entstammt einem fächerverbindenden Unterrichtsprojekt Deutsch/Kunst. Die Schüler markieren dann am Ende der Projektphase auf einem auf das Thema und die Arbeitsformen des Projekts abgestimmten Beurteilungsbogen (Beispiel: Anlage) ihre Einschätzung ihrer individuellen Kompetenzen in den drei Bereichen. Alternativ ist auch eine Strukturierung denkbar, die sich am Ablauf des Projekts orientiert. Man könnte dann unterscheiden nach Leistungen in der Phase der Planung, der Durchführung sowie der Präsentation und Auswertung.

B   Projektauswertung im Plenum

Die ausgewerteten Selbsteinschätzungen können in der nächsten Stunde die Grundlage für ein Auswertungsgespräch sein. Dazu werden auf der Folie die Aussagen im Beurteilungsbogen farbig markiert, die besonders häufig – sehr positiv oder sehr negativ – bewertet wurden. Das ist als Gesprächsanlass meist ergiebiger als der arithmetische Mittelwert der Nennungen.

C   Gespräch über die individuelle Leistungsbeurteilung

Falls der Lehrer sich entsprechend den vorgegebenen Kriterien für einzelne Schüler Notizen gemacht hat, können Lehrer und Schüler in einen abschließenden Austausch über die individuelle Leistungsbewertung treten. Wenn hier auch sicher nicht alle Items erfasst werden können, so lassen sich doch besondere Stärken und Schwächen mit diesem Raster transparent machen. So wird die Selbsteinschätzung der Schüler durch die Fremdeinschätzung des Lehrers anhand identischer Beurteilungskategorien ergänzt. Die Fähigkeit zur realistischen Selbsteinschätzung kann als Teil der Gesamtleistung in die Bewertung positiv einfließen.

Querverweise

Baustein   4: Zeit einteilen
Baustein   7: Unterricht reflektieren
Baustein 24: Erfahrungen bewerten
Baustein 27: Teamarbeit entwickeln
Baustein 28: Prozesse reflektieren

Lernerfolge einschätzen   Anlage

Selbsteinschätzung von Kompetenzen

Markieren Sie, wo Sie glauben, Fähigkeiten bewiesen zu haben beziehungsweise wo Sie noch Mängel bei sich festgestellt haben. Entscheiden Sie sich für eines der Zeichen von „++" = sehr große Kompetenzen bis „- -" = noch sehr deutliche Schwächen. Nehmen Sie sich Zeit für eine ehrliche und genaue Einschätzung. Sie soll die Basis sein für eine gemeinsame Projektauswertung und ein Gespräch über Ihre individuelle Leistungsbeurteilung.

Einschätzung meiner Fähigkeiten	++	+	0	–	- -
1. im fachlichen Bereich					
zentrale Themen der Erzählung erfassen und am Text belegen					
Themenschwerpunkte reflektieren und auf eigene Erfahrungen beziehen					
Gestaltungsideen für die Umsetzung in ein ästhetisches Objekt entwickeln und beschreiben					
Skizzen und Entwürfe anfertigen und begründen					
Aussageabsichten mit sprachlichen und künstlerischen Mitteln vergegenständlichen und reflektieren					
verschiedene Textsorten begründet für eigene Aussageabsichten auswählen und sprachlich umformen					
2. im methodischen Bereich					
Arbeitsschritte selbstständig planen und Analysemethoden auswählen					
eine längere Erzählung strukturieren und Textstellen kommentieren					
Materialien zielgerichtet beschaffen, auswählen und organisieren					
mit künstlerischen und sprachlichen Mitteln experimentieren					
Gestaltungsergebnisse in Gruppen und vor Publikum präsentieren					
3. im sozial-kommunikativen Bereich					
Vorstellungen, Gefühle und Planungen mit anderen austauschen					
eigene Arbeitsschritte und -ergebnisse selbstkritisch einschätzen					
Projektentscheidungen begründen und Verbesserungsvorschläge aufgreifen					
Gestaltungsentscheidungen mit anderen abstimmen und gemeinsam umsetzen					
mögliche Schwierigkeiten des Arbeitsprozesses im Team bearbeiten					
Gruppenentwicklungen reflektieren					

9 Neues wagen: Sicheres und Fremdes

Ziele und Überblick

- Vorteile, Chancen und Entwicklungsmöglichkeiten einer Veränderung erkennen
- das Risikogefühl gegenüber Ungewohntem, Fremdem und Neuem mindern
- eine Haltung entwickeln, die offen ist für neue (Lern-)Erfahrungen

A Unbekannte Situationen
B Positive Utopie

Kontext

Lehrende an der Universität machen nicht nur darauf aufmerksam, dass Schüler für die Aufnahme eines Studiums neben fundiertem Fachwissen auch Schlüsselqualifikationen mitbringen müssen, sondern auch eine Haltung, die für den Wissenschaftsbetrieb fundamental ist: die Bereitschaft, sich auf fremde und ungewohnte Fragestellungen und unbekannte Themen einzulassen und die Offenheit von Forschungsfragen und die Widersprüchlichkeit von wissenschaftlichen Erklärungen auszuhalten. Hinzu kommen muss für ein erfolgreiches Studium die Begeisterungsfähigkeit für ein Fachgebiet und die relativ sichere Überzeugung: „Das schaffe ich!" Dafür ist es notwendig, sich die eigenen Stärken klar zu machen und eine positive Vorstellung von dem zu entwickeln, was auf einen zukommen kann. Möglicherweise betont die Schule zu oft mit ihrem steten Blick auf Fehler und Defizite die individuellen Schwächen und macht damit eher ängstlich, zumindest sehr vorsichtig gegenüber Fremdem und Neuem. Dieser Baustein soll Schüler ermutigen, sich nicht zu sehr an Sicherheiten zu klammern, sondern das noch Unbekannte positiv zu sehen. Wenn die Schulzeit zu Ende geht, stellt sich für viele die Frage, inwieweit man Neues wagen soll: einen unbekannten Studienort wählen, einen neuen Freundeskreis aufbauen, ein ungewöhnliches Fach studieren, ins Ausland gehen, eine berufliche Ausbildung beginnen? Dieser Baustein will das Gespräch darüber initiieren.

Medien

Thema	Anlage	Titel	Form / Material
A		Unbekannte Situationen	Moderationskarten
B	✓	Positive Utopie	Kopie je Schülerpaar

Themenfolge

A   Unbekannte Situationen

Die Schüler überlegen sich Situationen, in denen für sie nach der Schulzeit etwas Neues verlangt wird, etwas, das ihnen fremd und mit Risiken verbunden ist. Sie schreiben eine knappe Skizze dieser Situationen auf Moderationskarten, die eingesammelt, gemischt und wieder gezogen werden, um dann anhand der Anlage weiter bearbeitet zu werden.

B   Positive Utopie

Anschließend wird die Lerngruppe in Schülerpaare aufgeteilt. Jeweils zwei Schüler sitzen zusammen und bearbeiten die Aufgabe (Anlage) bezogen auf die Situation, die auf den gezogenen Karten genannt ist. Man kann die Situation direkt auf sich selbst beziehen, meist schafft eine fiktive Figur aber mehr Freiheit, sich auf ungewohnte Verhaltens- und Denkweisen einzulassen. Wenn einzelne positive Utopien im Plenum vorgestellt werden, können Auswertungsaspekte sein: Worin liegt der Gewinn für die Person? An welche Stärken knüpft sie an? Was vermittelt in diesem Fall Sicherheit in der Unsicherheit? Das Auswertungsgespräch dreht sich letztlich um die Frage, wie die Haltung „Ich probiere das!" entstehen kann und welche Bedingungen (in der Schule) es erleichtern, sich auf Neues einzulassen.

Querverweis

Baustein 2: Motivation klären

 **Neues wagen**   **Anlage**

Positive Utopie

Entwickeln Sie in Partnerarbeit eine Utopie: Wie kann sich für eine Person Ihres Alters die auf der gezogenen Karte genannte Situation sehr positiv entwickeln? Notieren Sie nur Positives, das in der gegebenen Situation beeindruckend, faszinierend oder schön sein kann, wenn sich die Person auf das Ungewohnte einlässt. Malen Sie mögliche besondere Erlebnisse und Alltägliches anschaulich aus, sodass es gut vorstellbar wird. Beschreiben Sie auch Details. Benutzen Sie sprachlich die Präsensform und den Indikativ.

Vorgegebene Situation:

_____

_____

_____

_____

Positive Utopie:

_____

_____

_____

_____

_____

_____

_____

_____

Methodenkompetenz

10 Sachtexte erschließen: Lesemethoden

Ziele und Überblick

- Methoden kennen, Sachtexte effektiv zu lesen
- individuelle Markierungstechniken entwickeln
- inhaltliche und gedankliche Textstrukturen durchschauen

A   Schritte zur Sachtextanalyse im Überblick
B   Vor dem Lesen: Aufbau der Lesehaltung
C   Erstes Lesen: Fragen
D   Erschließen: inhaltliche und gedankliche Struktur
E   Nach dem Lesen: Vertiefung

Kontext

Das Lesen dürfte die für Schüler wesentlichste Art sein, Lernstoff aufzu-nehmen. Einerseits kann man sicherlich in der Sekundarstufe II davon aus-gehen, dass die Schüler das Lesen souverän beherrschen. Andererseits machen eine ungewohnte Sprache, neue Fachbegriffe und komplizierte Textstrukturen in vielen Fällen das Lesen schwer. Durch effektiveres – nicht schnelleres! – Lesen kann man Zeit sparen und den Unterrichtserfolg erhöhen. In der Schule geht es meist darum, Texte als Basis für schriftliche Zusammenfassungen, mündliche Referate oder Prüfungen intensiv und kritisch zu lesen. Es gibt unterschiedliche Verfahren des Lesens. Je nach Textart – etwa literarische, naturwissenschaftliche, lexikalische oder juri-stische Texte – und jeweiligem Zweck, zum Beispiel für eine Prüfung, zur schriftlichen Wiedergabe, zur knappen Information oder zur kreativen Weiterverarbeitung. Gewisse Lesehaltungen und Grundregeln lassen sich jedoch überfachlich vermitteln und können leicht für die jeweiligen Lesesi-tuationen konkretisiert werden. Bei diesem Baustein geht es um Sachtexte. Die Schüler sollen unterschiedliche Methoden, die auf verschiedene Phasen des Lesevorgangs bezogen sind, kennen lernen und selbstständig anwenden können (vgl. STICKEL-WOLF/WOLF 2006, S. 9 ff.).

Medien

Thema	Anlage	Titel	Form
Ⓐ	1	5 Schritte zur Sachtext-analyse: Überblick	Folie
Ⓑ	2	Vor dem Lesen	Kopie je Schüler
Ⓒ	3	Schlagzeilen	Kopie je Schüler
Ⓓ	4	Sinntragende Schlüssel-wörter	Kopie je Schüler
	5	Interviewfragen zur inhaltlichen Gliederung	Kopie je Schüler
	6	Markierungssystem für Randnotizen	Kopie je Schüler
Ⓔ	7a 7b	Textdesign – Textbild und Textinhalt	Kopie je Schüler
	8	Prüfungsfragen zur Nachbereitung	Kopie je Schüler

Themenfolge

Ⓐ   Schritte zur Sachtextanalyse im Überblick

Zur Einführung stellt der Lehrer den Schülern eine Abfolge von Schritten vor, die zu einem intensiven kritischen Lesen gehören. Die Folienübersicht (Anlage 1) wird mit folgenden Hinweisen erläutert:

1. Schritt: Nicht einfach anfangen zu lesen, sondern Informationen gezielt suchen! Ich muss mir klar darüber sein, was ich eigentlich wissen will.

2. Schritt: Schon das erste Lesen sollte strukturiert erfolgen, indem ich möglichst präzise Fragen an den Titel/Untertitel und das Thema richte. Das ergibt schon eine Strukturierung des Textes und macht es möglich, eventuelle Lücken im Text zu identifizieren, was für eine spätere Stellungnahme wichtig sein kann.

3. Schritt: Erst im zweiten Lesedurchgang Textstellen maßvoll und überlegt markieren und unterstreichen. Den Text nicht bunt anstreichen und eher die Struktur markieren als inhaltlich Interessantes oder Neues. Schlüsselbegriffe heraussuchen und unterstreichen: Worum geht es inhaltlich?

Was sagt der Verfasser dazu? Gegebenenfalls unbekannte Wörter nachschlagen.

4. Schritt: Die logische Struktur des Textes kenntlich machen. Gliedern ist wichtiger als unterstreichen: Was macht der Autor beziehungsweise die Autorin an dieser Stelle? Welche strukturierenden Wörter gibt es? Welche Verben machen den Argumentationsgang deutlich?

5. Schritt: Textzusammenfassung und Nachbereitung: Welches sind die zentralen Thesen? Wie beurteile ich sie? Was ist neu?

B   Vor dem Lesen: Aufbau der Lesehaltung

Für den Unterricht ist eine kritische Lesehaltung erforderlich, die darauf zielt, einem Sachtext Informationen zu entnehmen, um sich mit dem dargestellten Inhalt oder der vertretenen Position auseinander zu setzen. Immer treffen die Texte des Unterrichts auf mindestens rudimentäres Vorwissen und auf Voreinstellungen bei den Schülern. Beides steuert die Art, wie Schüler die Informationen eines Textes in ihre Denkstrukturen integrieren. Anlage 2 bietet eine Möglichkeit, die Schüler auf das Vorhandensein von Vorwissen und Vormeinungen aufmerksam zu machen und beides für eine zielgerichtete und kritische Rezeption des jeweiligen Textes zu nutzen. Darum geht es: Es soll in der Schule immer vor dem bewussten Hintergrund des eigenen Vorwissens gelesen werden.

C   Erstes Lesen: Fragen

Fragen an einen Text zu richten ist eine recht einfache, aber wirkungsvolle Methode, eine aktive Lesehaltung einzunehmen und das erste Lesen schon gedanklich zu strukturieren. Das wird sicher nicht immer schriftlich geschehen müssen, aber zur Einübung ist ein solch explizites Aufschreiben hilfreich. Anlage 3 bietet dazu eine Aufgabe am Beispiel von drei ausgewählten Schlagzeilen aus Zeitungen. Das auswertende Gespräch geht um die Bedeutung, die es für das Leseverstehen hat, wenn man sich die Erwartungshaltung einem Text gegenüber bewusst macht.

D Erschließen: inhaltliche und gedankliche Struktur

Zwei Gruppen von Fragen spielen hier eine Rolle:
1. Worum geht es im Text inhaltlich? Was sagt der Autor zu dem aufgeworfenen Problem? Was sind die inhaltlich sinntragenden Wörter und Formulierungen?
2. Wie geht der Autor argumentativ vor? Wie ist der Text aufgebaut? An welchen Formulierungen wird der Gedankengang klar?

Die Schüler nähern sich mit drei unterschiedlichen Übungen diesen beiden Analyseaufgaben. Die ersten zwei Materialien beziehen sich inhaltlich auf die sozialpädagogische Jugendarbeit, das dritte Material beinhaltet ein sneurobiologisches Thema.

Übung 1: Zunächst geht es darum, sinntragende Schlüsselwörter in einem Text zu identifizieren (Anlage 4). Indem diese dadurch hervorgehoben werden, dass der übrige Text gelöscht wird, wird deren Bedeutung für das Verständnis unmittelbar erfahren. In Partnerarbeit werden die bearbeiteten Fassungen verglichen.

Übung 2: Die inhaltlichen Schwerpunkte und Strukturen eines Textes lassen sich herausarbeiten, indem man fiktive Interviewfragen an den Text beziehungsweise Autor richtet (Anlage 5). Die Notwendigkeit, dass Frage und Text-Antwort genau passen müssen, schärft den Blick für den Inhalt. Mit der in Anlage 4 schon trainierten Technik wird in Aufgabe 3 die Arbeit an diesem Text verknüpft mit dem Ziel, Schlüsselwörter zu finden beziehungsweise zu formulieren.

Schüler nehmen häufig extensiv Textunterstreichungen und Markierungen am Rand vor. Das könnte man als individuelle Arbeitsform, die nicht zu normieren ist, gelten lassen, wenn die Markierungstechniken nicht oft das Textverständnis geradezu erschweren würden. Der häufigste Fehler besteht wohl darin, dass die Schüler nicht **strukturell** Wichtiges markieren und unterstreichen, sondern alles, was sie **inhaltlich** interessant oder neu finden. Dieser undistanzierte Zugriff erschwert oder verhindert, die Textstruktur zu erkennen. Weniger wäre auf diesem Gebiet meist mehr. Es geht also um einen maßvollen Einsatz eines gezielt und konsequent angewandten individuellen Verfahrens. Anlage 6 regt die Schüler dazu an, festzustellen, ob sie bereits ein Markierungssystem mit wenig Farben und Zeichen für sich entwickelt haben und wie es gegebenenfalls aussieht. Sie können dieses Arbeitsblatt im Unterricht für sich als Merkblatt für das gezielte Markieren nutzen.

Übung 3: Die umfangreichste und anspruchsvollste Übung ist das Textdesign. Hier geht es darum, aus einem kontinuierlichen Sachtext eine diskontinuierliche grafisch gestaltete Zeitungs- oder Zeitschriftenseite zu machen. Dabei wird die Umgestaltung zu einem Mittel der Textanalyse in inhaltlicher und struktureller Hinsicht (vgl. GIERLACH 2002, S. 3 ff.). Das Verfahren ist motivierend, bezieht Kenntnisse der Schüler aus ihrem Umgang mit Zeitschriften und dem Internet ein und zwingt sie, sich über den Textaufbau, den Inhalt und die Text-Leser-Kommunikation intensiv Gedanken zu machen. Anlage 7a enthält die dafür notwendigen Vorlagen. Die Arbeit kann am PC erledigt werden. Die Aufgabe hat zudem einen kreativen Anteil: In begrenztem Maße ist es nötig, über den Wortlaut des Textes hinausgehende Informationen zu ermitteln (zum Beispiel weiterführende Literatur, www-links), Haupt- und Zwischenüberschriften selbst zu formulieren und eigene Ideen für eine Grafik zu entwickeln.

E Nach dem Lesen: Vertiefung

Damit der aufgenommene Lernstoff behalten und in das eigene Wissen integriert wird, ist es sinnvoll, das Gelesene am Schluss noch einmal unter veränderter Perspektive und mit etwas Distanz zu betrachten. Innerhalb der Schule ist eine nahe liegende Möglichkeit, den Textinhalt als denkbaren Prüfungsstoff aufzufassen und Fragen an ihn zu richten. Diese Technik ist bei fast allen Sachtexten aus dem schulischen Umfeld anwendbar und weniger arbeitsintensiv als zum Beispiel ein Exzerpt. Das Verfahren kann – wie hier vorgeschlagen – eingeübt werden an von den Schülern selbst gewählten neuen Texten (Anlage 8), aber auch an dem schon behandelten Text zur Neurophysiologie (Anlage 7b). In letzterem Fall hat man in der Lerngruppe eine einheitliche Text- und Informationsbasis, im ersteren die Chance, die Schüler sie interessierende Themenbereiche auswählen zu lassen.

Querverweise

Baustein 13: Effektiv mitschreiben
Baustein 20: Themen zuschneiden
Baustein 22: Interview führen

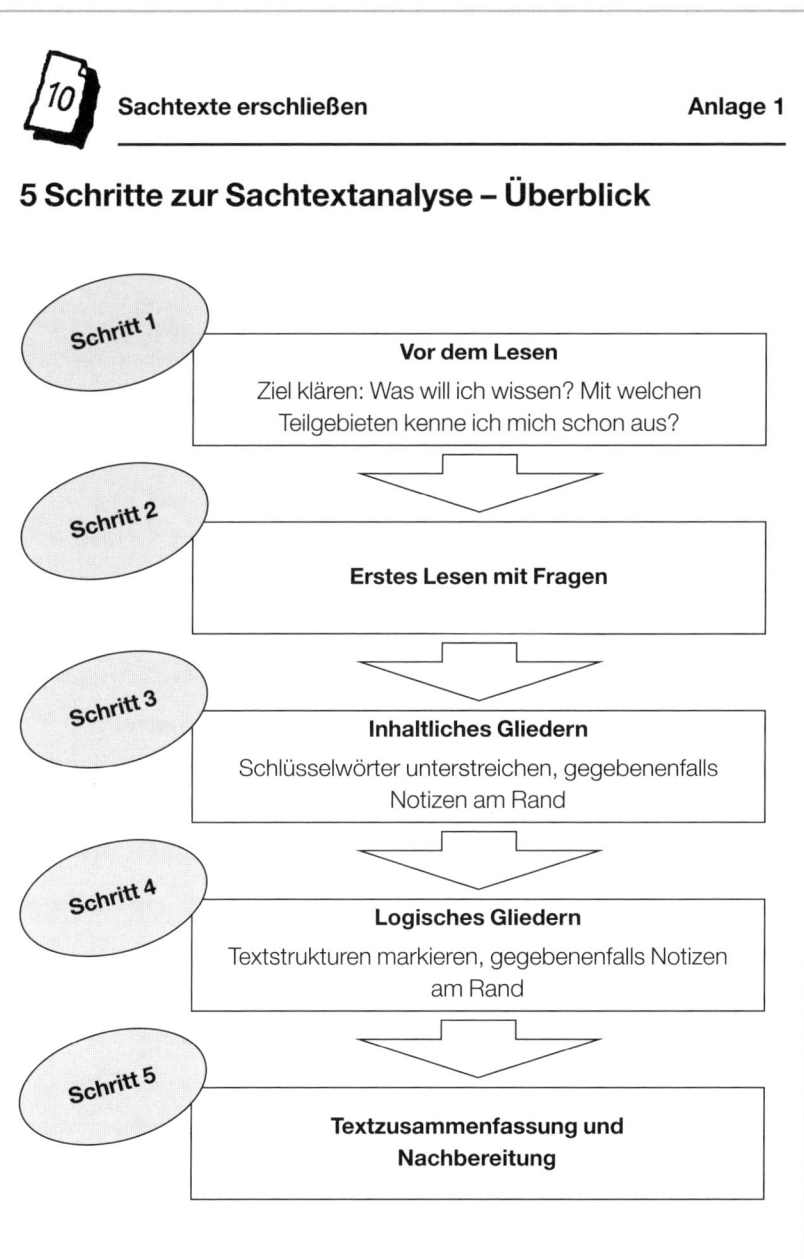

10   Sachtexte erschließen   Anlage 1

5 Schritte zur Sachtextanalyse – Überblick

Schritt 1

Vor dem Lesen

Ziel klären: Was will ich wissen? Mit welchen Teilgebieten kenne ich mich schon aus?

Schritt 2

Erstes Lesen mit Fragen

Schritt 3

Inhaltliches Gliedern

Schlüsselwörter unterstreichen, gegebenenfalls Notizen am Rand

Schritt 4

Logisches Gliedern

Textstrukturen markieren, gegebenenfalls Notizen am Rand

Schritt 5

Textzusammenfassung und Nachbereitung

 **Sachtexte erschließen**   **Anlage 2**

Zu Schritt 1: Vor dem Lesen

1. Schlagen Sie einen Ihnen noch unbekannten Sachtext aus dem Unterrichtsbuch Ihres Lieblingsfachs auf und tragen Sie in die Mitte des Schaubildes das Thema ein, um das es in diesem Text geht.
2. Notieren Sie im linken Feld in Stichworten, was Sie über dieses Thema schon wissen.
3. Füllen Sie das rechte Feld mit Notizen darüber, was Sie am Thema des Textes interessiert. Auf welche Fragen hätten Sie gern eine Antwort? Beziehen Sie diese gegebenenfalls auf Ihr Vorwissen.

Thema des Textes

Mein Vorwissen: **Meine Fragen:**

4. Lesen Sie nun den Text und berichten Sie Ihrem Partner, inwiefern Sie Neues erfahren haben und ob der Text Ihr Leseinteresse befriedigt hat. Sprechen Sie auch darüber, inwiefern Vorwissen und Interesse für das Lesen dieses Textes bedeutungsvoll waren.

Sachtexte erschließen Anlage 3

Zu Schritt 2: Schlagzeilen

Berichte und viele andere nicht-fiktionale Texte geben gemeinhin Antwort auf Fragen nach dem Handelnden, dem Ereignis, der Zeit, dem Ort, dem Grund und Anlass, den Betroffenen und den näheren Umständen, den Gründen und Zielen einer Handlung.

1. Richten Sie solche und ähnliche Fragen, die sich auf Ihr Leseinteresse und Vorwissen beziehen, an die folgenden drei Schlagzeilen von Artikeln aus Tageszeitungen.
2. Tauschen Sie sich mit Ihren Mitschülern aus. Welchen Textinhalt erwarten Sie?

Dosen zu Flugzeugen
Das Worldwatch-Institut lobt die deutsche Umweltpolitik
(Frankfurter Rundschau v. 12.01.2003)

Nordkorea verschärft Streit
Atomsperrvertrag gekündigt / Auch China kritisiert Pjöngjang
(Frankfurter Rundschau v. 12.01.2003)

Böse Geister lassen sich nicht vertreiben
In Grönland stolpert die Regierung nach nur drei Wochen Amtszeit über „okkulten Quatsch"

(Tagesspiegel v. 12.01.2003)

Sachtexte erschließen **Anlage 4**

Zu Schritt 3: Sinntragende Schlüsselwörter

1. a) Markieren Sie die Schlüsselwörter farbig.
   b) Halten Sie gegebenenfalls Notizen am Rand fest.
2. Streichen Sie alle Textteile weg, die nicht unmittelbar für das Textverständnis notwenig sind.
3. Vergleichen Sie Ihre so bearbeiteten Fassungen innerhalb Ihrer Lerngruppe.

Der Grundgedanke des Nationalen Konzepts „Sport und Sicherheit"   1

Fan-Projekte sind auf der Grundlage des Nationalen Konzepts vorrangig auf- 2

grund von Gewalttätigkeiten und Rechtsextremismus im Fußballgeschehen 3

eingerichtet worden. Diese beiden problematischen Verhaltensmuster von 4

Fußballfans werden in der Öffentlichkeit deutlich. Hinzu kommen jedoch (ver- 5

decktere) Problemfelder wie Alkohol, sonstige Drogen sowie Schwierigkeiten 6

im privaten wie beruflichen Bereich, die auch unabhängig vom Fußball Ge- 7

walt und Rechtsextremismus begünstigen. Grundlage für die Einrichtung 8

solcher Fan-Projekte ist die Erkenntnis, dass es nicht ausreicht, auf dieses 9

problematische Verhalten mit ordnungspolitischen und strafrechtlichen Maß- 10

nahmen zu reagieren, denn solch ein Verhalten ist immer auch Ausdruck für 11

gesellschaftliche Strömungen und persönliche Schwierigkeiten. Mit dem Na- 12

tionalen Konzept „Sport und Sicherheit" entschlossen sich Vertreter/innen 13

aus Politik und Sport, nicht nur die Symptome, sondern auch die Ursachen 14

anzugehen und Fan-Projekte mit professionellen pädagogischen Fachkräf- 15

ten einzurichten. Zum einen bieten diese den Fans Hilfe in konkreten persön- 16

lichen Schwierigkeiten und Notlagen, um den Einzelnen bei der Alltagsbe- 17

wältigung zu unterstützen und ihn zu stabilisieren. Zum anderen bieten sie 18

Angebote und Veranstaltungen, um eine lebendige Fanszene auch ohne Ge- 19

walterlebnisse mitzugestalten und dadurch langfristig das Nachwachsen der 20

Jüngeren in die Gewaltszene zu verringern oder zumindest im kontrollierten 21

Rahmen zu halten. 22

(aus: RANDERATH, U. u. G.: Aggression. Formen, Ursachen, Auswege. Cornelsen: Berlin 2001, S. 129)

 **Sachtexte erschließen** **Anlage 5**

Zu Schritt 4: Interviewfragen zur inhaltlichen Gliederung

Der folgende Text besteht aus Äußerungen eines Fan-Beauftragten eines großen Fußballvereins.

1. Formulieren Sie sechs mögliche Interviewfragen, auf die einzelne Passagen des folgenden Textes wörtlich eine Antwort sein könnten.
2. Reichen Sie diese Fragen an einen Mitschüler beziehungsweise eine Mitschülerin weiter, der oder die im Text die passenden Antwort-Äußerungen markiert.
3. Notieren Sie abschließend am Rand als so genannte Marginalie zu jeder Interview-äußerung einen passenden Schlüsselbegriff für einen schnellen Zugriff.

Grundlage für eine sozialpädagogisch ausgerichtete Fußballfanarbeit ist das [1]
Verständnis, dass sich im Umfeld Fußball eine große Gruppe junger Menschen [2]
trifft, die sich die Fußballszene als einen eigenen Erlebnisraum angeeignet ha- [3]
ben, der für sie eine große Bedeutung hat, im pädagogischen Sinne eine Sozia- [4]
lisationsfunktion, und der damit einen Bereich zur Identitätsbildung darstellt. Vor [5]
diesem Hintergrund kann die sozialpädagogische Fußballfanarbeit, wie AN- [6]
STOSS sie leistet, als eine Aufgabe der Jugendarbeit angesehen werden. Wir [7]
erkennen die Fanszene und Fankultur als wichtigen Bereich für Jugendliche an [8]
und wollen ihn erhalten; wir wollen die Jugendlichen in diesem Bezug stabilisie- [9]
ren und begleiten und ihnen in ihrer Lebenswelt gerecht werden. Sozialpädago- [10]
gische Fußballfanarbeit heißt darum auch, die Fans bei der Bewältigung von in [11]
diesem Bereich anzutreffenden und auftretenden Problemen zu unterstützen. [12]
Die Erarbeitung des Nationalen Konzeptes und somit unsere Arbeitsgrundlage [13]
basiert auf der beim Fußball auftretenden Gewalt. Im Bereich der Einzelhilfe und [14]
Beratung zeigt sich uns jedoch schnell, dass die Problematik der Gewalt oft nur [15]
ein Thema unter vielen ist und es sich in erster Linie um Jugendliche handelt, die [16]
mit sich und der Gesellschaft (oder die Gesellschaft mit ihnen) auf unterschiedli- [17]
chen Ebenen Schwierigkeiten haben. Die Probleme der Jugendlichen reichen [18]
vom Verlust der Ausbildungs- oder Arbeitsstelle, von familiären Schwierigkeiten, [19]
Beziehungsproblemen, Wohnungslosigkeit, Drogenkonsum bis hin zu Verschul- [20]
dung oder Problemen im Umgang mit der Polizei und der Justiz. Fan-Projekte [21]
sind Anlaufstellen und helfen bei der Klärung und Bewältigung von Schwierigkeiten beim Fußball und darüber hinaus.

(aus: Randerath, U./Randerath, G.: Aggression. Formen, Ursachen, Auswege. Cornelsen: Berlin 2001, S. 129 f.)

 **Sachtexte erschließen** **Anlage 6**

Zu Schritt 3 und 4: Markierungssystem für Randnotizen

Sicher benutzen Sie schon für Ihre Randnotizen beim Lesen eine Reihe von Symbolen, Buchstabenkürzeln oder Linienformen, die Ihren persönlichen Bedürfnissen entsprechen. Dadurch können Sie den Leseprozess von vornherein aktiv und produktiv gestalten. Gerade bei längeren Texten helfen diese Markierungen, sich im Text zurechtzufinden. Verschaffen Sie sich eine Übersicht über Ihre Markiertechnik und wenden Sie diese konsequent einheitlich beim intensiven Lesen von Texten an. Falls Ihnen noch Zeichen fehlen, ergänzen Sie passende.

Bemerkung, Bedeutung, Zweck	Mein Markierungszeichen am Rand
besonders einleuchtend, klar	
noch unklar, unverstanden	
Widerspruch, nicht einverstanden!	
Gegensatz, Gegenposition	
Zusammenfassung, Fazit	
Literatur-, Materialhinweis	
Definition	
Beispiel	
These, Behauptung	
Zitat	
Erläuterung	
unbekannter Fachbegriff, nachschlagen!	

 **Sachtexte erschließen** **Anlage 7a**

Zu Schritt 5: Textdesign – Textbild und Textinhalt

Stellen Sie sich vor, Sie sind Layouter einer populärwissenschaftlichen Zeitschrift für neurobiologisch interessierte Leserinnen und Leser.
Ihre Aufgabe ist, das beigefügte Manuskript auf einer Zeitschriftenseite im Format DIN-A3 zu platzieren. Sie sind zuständig für das Textdesign und richten sich zur Darstellung der verschiedenen Facetten des im Text behandelten Themas bei der Verknüpfung von Textbild und Textinhalt nach folgendem Layoutvorschlag:

bildliche Darstellung	Überschrift Untertitel	hervorgehobenes Zitat
	Zentraler Textblock 1	erläuternde Grafik
Begriffs-Glossar	Weiterer Textblock 2	Literatur www-links

 **Sachtexte erschließen**   **Anlage 7b**

Manuskript

Ungewohnte, mit Aufregung und Angst verbundene Situationen lösen eine körperliche Reaktion aus, deren Muster tief in der Entstehungsgeschichte des Menschen verankert ist. Während der Hominisation waren gefährliche und angstbesetzte Situationen überwiegend überraschende Zusammentreffen mit gefährlichen Tieren oder mit Feuer. In einer solchen Situation ist es äußerst hilfreich, sich so schnell wie möglich aus der Gefahrenzone zu begeben. Im Laufe der Evolution bildete sich ein Mechanismus heraus, der genau diese Reaktion programmierte. In dem Moment, in dem im Gehirn ein sinnlicher Eindruck als Gefahr oder als angstbesetzt identifiziert wird, löst das Zwischenhirn einen Hormonausstoß von Adrenalin und Noradrenalin aus. Diese Hormone versetzen den Körper mit einem Schlag auf Höchstleistungsniveau. Der Blutdruck wird erhöht, und Fett- sowie Zuckerreserven werden mobilisiert. Gleichzeitig unterbinden diese Hormone die Aktivierung von Neuronenverbindungen im Gehirn. In der Situation einer plötzlichen Gefahr ist langes Nachdenken und abwägendes Verhalten kontraproduktiv; vielmehr ist es angebracht, sich selbst schnell aus dieser Situation hinauszubringen und sich von ihr zu entfernen. Durch diese Reaktion wird dem Körper ein schnelles und konditionsstarkes Flucht- und Abwehrverhalten ermöglicht. Dieser einstmals so funktionale Mechanismus wird in einer technisierten Gesellschaft zunehmend dysfunktional. Wir müssen uns nur noch selten durch körperliche Anstrengung aus Gefahren begeben. Vielmehr sind es häufig Situationen des Leistungsvergleichs in der Schule und im Beruf oder die Schnelligkeit des Straßenverkehrs, die Stress hervorrufen. Diese Art von Stressfaktoren, die in der Steinzeit in dieser Form nicht vorkamen, rufen dieselben körperlichen Reaktionen hervor wie damals gefährliche Tiere oder Waldbrände. Für die Bewältigung heutiger Stresssituationen kann diese körperliche Reaktion allerdings fatal sein. Eine Auflösung vieler heutiger Stresssituationen entsteht nicht durch körperliche Höchstleistung, sondern durch intensives Nachdenken und strategisches, nicht spontanes Handeln. Leistungen im Beruf werden häufig am PC erbracht, und der Stress einer Prüfung in der Schule verlangt das Abrufen gelernter Inhalte oder das konzentrierte Anwenden abstrakter Regeln etwa beim Lösen einer Mathematikaufgabe. Gerade diese Anforderungen werden durch die Hormonausschüttungen allerdings nicht unterstützt; vielmehr ist das Gehirn ja geradezu darauf programmiert, in solchen stressbesetzten Situationen Nachdenken zu unterdrücken!

(aus: SCHEUNPFLUG, ANNETTE: Biologische Grundlagen des Lernens, Berlin: Cornelsen Scriptor 2001, S. 105)

Sachtexte erschließen Anlage 8

Zu Schritt 5: Prüfungsfragen zur Nachbereitung

1. Wählen Sie aus dem Unterrichtsbuch eines Ihrer Schulfächer einen Sachtext aus, der Sie thematisch interessiert. Versetzen Sie sich in die Rolle Ihres Lehrers bzw. Ihrer Lehrerin und formulieren Sie zu dem ausgewählten Text Prüfungsfragen, die mit den Informationen aus dem Text zu beantworten sind.

2. Suchen Sie sich aus Ihrer Lerngruppe einen Partner, mit dem Sie Text und Prüfungsfragen austauschen. Kontrollieren Sie gegenseitig Ihre Antworten.

a) Vorschläge für leichte Prüfungsfragen:

_____

_____

_____

_____

_____

b) Vorschläge für schwere Prüfungsfragen:

_____

_____

_____

_____

_____

11 Aufgaben verstehen: Schriftliche Arbeiten

Ziele und Überblick

- Anforderungsbereiche in Klausuren kennen
- Aufgaben in Klausuren Anforderungsbereichen zuweisen
- sprachliche Konventionen der Klausuraufgaben verstehen
- Fehlertypen erkennen und aus Korrekturen lernen

A Begründung des Themas

B Information: Anforderungsbereiche bei schriftlichen Arbeiten

C Übung zum Erschließen von Aufgaben

D Auswertung

E Aus Korrekturen lernen

Kontext

Manche Schüler sind bei schriftlichen Arbeiten wenig erfolgreich, weil sie die Aufgaben nicht richtig erschlossen haben. Es liegt in diesen Fällen nicht an fehlendem Fleiß oder an mangelnder Kenntnis der Unterrichtsinhalte. Bundesweite Bildungsstandards und zentrale Abschlussprüfungen der einzelnen Bundesländer sorgen inzwischen bei schriftlichen Arbeiten für Sprachnormen. Diesen klausurtypischen Sprachgebrauch mit seinen feinen Differenzierungen zwischen einer Vielzahl von sog. Operatoren müssen Schülerinnen und Schüler sicher verstehen, um gute Leistungen erbringen zu können. Dabei ist das Augenmerk auch auf die fachspezifischen Bedeutungsunterschiede derselben Operatoren zu richten. Dass hier auch eine Verständigung innerhalb des Kollegiums erreicht werden muss, sei nur am Rande vermerkt . Es geht aber um mehr als sprachliche Formulierungen: Wenn Schüler die Struktur einer mehrteiligen Klausuraufgabe durchschauen, können sie zielgerichtet Schwerpunkte bei der Bearbeitung setzen, einen Zusammenhang zwischen den Aufgabenteilen herstellen und sich ihre Bearbeitungszeit sinnvoll einteilen. Auch können Schüler bei einer anschließenden Korrektur genauer analysieren, wo die Stärken und Schwächen lagen, wenn sie die innere Logik der Aufgabe erkannt haben.

Aus Korrekturen zu lernen, stellt sich in der Schule durchgehend als schwieriges Problem dar. Viele Lehrer haben nicht zu Unrecht den Eindruck, dass die von ihnen für die Korrektur aufgewandte Zeit in keinem rechten Verhältnis zu der Aufmerksamkeit steht, die Schüler ihren Randbemerkungen und Gutachten widmen. Dieser Baustein macht einen Vorschlag, wie die vom Lehrer korrigierte Arbeit Grundlage dafür sein kann, dass sich die Schüler mit häufigen Fehlertypen vertieft beschäftigen. Das soll helfen, gezielt auf die Vermeidung dieser Fehlertypen in schriftlichen Arbeiten hinzuarbeiten.

Medien

Thema	Anlage	Titel	Form / Material
B	1	Anforderungsbereiche bei schriftlichen Arbeiten	Folie
C	2	Klausuraufgaben erschließen	Kopie je Schüler
	3	Erläuterung der Operatoren	Lehrermaterial
E	4	Aus Korrekturen lernen	Kopie je Schüler; jeder Schüler bringt mehrere eigene bewertete Klausuren mit, je Schüler 3 Karteikarten, 3 vorbereitete Kartons

Themenfolge

A Begründung des Themas

Der Lehrer gibt die Zielsetzung und Grobplanung für die Doppelstunde bekannt: Es geht um grundlegende Fähigkeiten, bei schriftlichen Arbeiten nicht schon an dem Verständnis der Aufgabenstellung zu scheitern. Die zu erarbeitenden Prinzipien gelten fachübergreifend für die gesamte Oberstufenzeit.

B Information: Anforderungsbereiche bei schriftlichen Arbeiten

In einem kurzen Vortrag stellt der Lehrer die typischerweise unterschiedenen Anforderungsbereiche bei schriftlichen Arbeiten mit einer vorbereiteten Folie vor (Anlage 1), die während des weiteren Stundenverlaufs sichtbar bleibt. Allgemein unterscheidet man bei Klausuren drei verschiedene Anforderungsbereiche. Einzelne Aufgaben können durchaus mehreren Bereichen zuzuordnen sein. Über die Schwierigkeit, die Aufgaben zu bearbeiten, ist mit der Einteilung in die Anforderungsbereiche I bis III allerdings nichts gesagt. Um den Aufgaben auf dem Arbeitsblatt nicht vorzugreifen, sollten an dieser Stelle vom Lehrer keine Beispiele von Aufgaben genannt werden. Wohl aber ist der Hinweis angebracht, dass vor allem die Verben den angezielten Anforderungsbereich sprachlich kennzeichnen.

C Übung zum Erschließen von Aufgaben

Die Schüler sollen sich in Einzelarbeit mit den Formulierungen der Beispielaufgaben (Anlage 2) aus unterschiedlichen Fächern und Aufgabenfeldern beschäftigen, ohne die Aufgaben selbst zu lösen. Es geht erstens darum, die Operatoren in den Blick zu nehmen, welche die Anforderungen konkret benennen. Das kann die Basis sein für eine anschließende Sammlung von typischen Verben für jeden Anforderungsbereich. Zweitens sollen die Schüler an ausgewählten Beispielen die in den Aufgaben enthaltenen Handlungsanweisungen paraphrasieren und damit ihr Aufgabenverständnis verdeutlichen. Dieses muss dann verglichen werden mit der gegebenenfalls für die einzelnen Fächer vorliegenden Liste verbindlicher Operatoren bei den Abschlussprüfungen. Eine zusätzliche Anforderung ist, sich vorzustellen, welche „Tücken" die jeweilige Aufgabe in sich birgt. Letzteres ist allerdings in vollem Umfang nur möglich, wenn die Schüler die angesprochenen Sachgebiete inhaltlich beherrschen. Indem die Schüler drittens die vorgegebenen Aufgaben den im Lehrerreferat vorgestellten Anforderungsbereichen zuweisen, überprüfen sie ihr Verständnis dieser Ebenen. Die letzte Aufgabe verlangt viertens von den Schülern, sich in die Lehrerrolle zu versetzen und selbst produktiv anzuwenden, was sie über die Aufgabenstruktur gelernt haben.

D Auswertung

Die Schüler stellen ihre Ergebnisse vor. Eine mögliche Lösung enthält Anlage 3. Im Plenumsgespräch soll geklärt werden, warum beim Erschließen von Aufgaben Probleme auftreten. Wahrscheinlich werden die Schüler auf unterschiedlichen Sprachgebrauch in verschiedenen Fächern verweisen. Bei dieser Gelegenheit ist darauf hinzuweisen, wie wichtig eine vorhergehende Verständigung über die sprachlichen Konventionen bei Aufgabenstellungen im Fachunterricht und besonders bei Klausuren und zentralen Abschlusspüfungen ist.

E Aus Korrekturen lernen

Jeder Schüler bringt eigene korrigierte Klausuren mit. Sie sind das Material, anhand dessen die häufigsten eigenen Fehlertypen und die der Lerngruppe herauszufinden sind. Die Aufgabenstellung enthält Anlage 4. Nach einer Bestandsaufnahme der drei eigenen häufigsten Fehlertypen, die auch als Hausaufgabe vorbereitend erfolgen kann, werden entsprechend den Phasen „Klausurvorbereitung", „Klausurschreiben", „Klausurnachbereitung" Gruppen gebildet, die eine Liste der Tipps nach Häufigkeit der Nennung erstellen. Diese werden im Plenum vorgestellt und können an jeden Schüler verteilt oder im Raum ausgehängt werden.

Querverweise

Baustein 3: Lernstil optimieren
Baustein 5: Prüfungen bewältigen
Baustein 10: Sachtexte erschließen
Baustein 12: Wissen behalten
Baustein 20: Themen zuschneiden

 **Aufgaben verstehen**   **Anlage 1**

Anforderungsbereiche bei schriftlichen Arbeiten

I. Reproduktion: Kennen

Aus dem Unterricht bekannte Inhalte oder die Textvorlage sollen mit eigenen Worten wiedergegeben werden.

II. Reorganisation: Verwenden

Im Unterricht Behandeltes ist selbstständig auf einen neuen Sachverhalt anzuwenden.

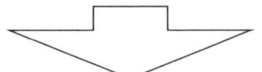

III. Problemlösung: Urteilen

Angezielt ist eine eigenständige begründete Prüfung, Bewertung, Beurteilung oder Gestaltung.

Aufgaben verstehen   Anlage 2

Klausuraufgaben erschließen

1. Markieren Sie in jeder der folgenden Klausuraufgaben die Signalworte, die Ihnen für die Bearbeitung besonders wichtige Hinweise geben.
2. Formulieren Sie zu drei ausgewählten Aufgaben mit eigenen Worten, was im Einzelnen von Ihnen verlangt wird und worauf zu achten ist. Halten Sie auch nahe liegende Gefahren fest, diese Aufgabenstellung zu verfehlen.
3. Ordnen Sie alle Aufgaben den Anforderungsbereichen I bis III zu, über die Sie informiert sind.
4. Formulieren Sie selbst zu jedem der Anforderungsbereiche eine Aufgabe zu einem Ihnen aus dem Unterricht bekannten Thema.

Beispiele für Klausuraufgaben

1. Nennen Sie die Gemeinsamkeiten aller Geraden mit der Gleichung $3x-2y+c = 0$.
2. Nehmen Sie Stellung dazu, ob Ihnen die im Text vorgetragene Kritik am Parlamentarismus berechtigt erscheint.
3. Die derzeitige wirtschaftliche und gesellschaftliche Entwicklung wird oft als Tendenz zum „globalen Dorf" bezeichnet. Erläutern Sie diesen Begriff.
4. Interpretieren Sie die inhaltliche und sprachlich-formale Art der im Textausschnitt dargestellten Kommunikation der Hauptfiguren.
5. Erklären Sie die Ursache der Krankheit Galaktosämie auf enzymatischer und auf molekulargenetischer Ebene.
6. Untersuchen Sie nachweisend fotografische Gestaltungsmittel der Schwarzweißfotografie und leiten Sie die jeweiligen Wirkungen ab.
7. Stellen Sie die Ergebnisse der Lichtreaktion der Photosynthese dar und beschreiben Sie ihren Ablauf.
8. Entwickeln Sie in Auseinandersetzung mit dem Text eine eigene Position zu der gesellschaftlichen Funktion der heutigen Schule.

Aufgaben verstehen

Erläuterung der Operatoren

Anforderungsbereich I

Operator	Erläuterung	Beispiel-Nr.
nennen	Fakten, Begriffe, Namen ohne weitere Erläuterungen wiedergeben	1
darstellen	Sachverhalte zusammenhängend und geordnet sprachlich wiedergeben und gegebenenfalls grafisch veranschaulichen	7
beschreiben	Vorgänge, Sachverhalte, Kennzeichen zusammenhängend und geordnet darstellen	7

Weitere Signalwörter können unter anderem sein: wiedergeben, bezeichnen, beschriften

Anforderungsbereich II

Operator	Erläuterung	Beispiel-Nr.
erläutern	verständliche Darstellung von Sachverhalten, Begriffen, Vorgängen unter Hinzufügung eigener Beispiele und Informationen	3
interpretieren	Ursachen und Bedingungen von Ereignissen verdeutlichen, Beziehungen zwischen Form und Inhalt herstellen, Aussageabsichten eines Autors formulieren	4
erklären	Gründe für das Zustandekommen eines Phänomens zusammenhängend darlegen, gesetzhafte Abläufe darlegen	5
untersuchen	Gestaltungsmittel nachweisend benennen und die jeweilige Wirkung ableiten	6

Weitere Signalwörter können unter anderem sein: vergleichen, einordnen, beobachten, ermitteln

Anforderungsbereich III

Operator	Erläuterung	Beispiel-Nr.
eigene Position entwickeln	in Auseinandersetzung mit einer vorgegebenen Position eine persönliche Stellungnahme entwickeln	8
Stellung nehmen	auf der Basis einer Erörterung der dafür und dagegen sprechenden Argumente zu einem eigenständigen Urteil kommen	2

Weitere Signalwörter können unter anderem sein: begründen, beurteilen, rechtfertigen, bewerten, diskutieren, erörtern

 **Aufgaben verstehen** **Anlage 4**

Aus Korrekturen lernen

Sie haben mittlerweile einige Erfahrungen mit schriftlichen Arbeiten gemacht und von Lehrern Korrekturen erhalten. Was können Sie tun, um Ihre Klausuren noch zu verbessern?

Nehmen Sie bei der Bearbeitung der nachfolgenden Aufgaben drei Aspekte in den Blick:
▨ die Vorbereitung auf die Klausur,
▨ das Schreiben der Klausur,
▨ die Nachbereitung der korrigierten Klausur.

1. Formulieren Sie Ihre persönlichen Schlussfolgerungen aus Ihren schriftlichen Arbeiten in Form von drei Empfehlungen für die Klausurvorbereitung, das Klausurschreiben und die Klausurnachbereitung.
Schreiben Sie jeden Tipp getrennt auf eine Karte, die Sie anschließend in den entsprechenden Karton werfen.

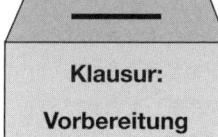
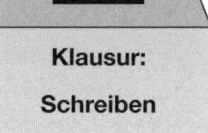
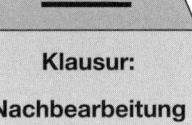

2. Entsprechend den drei Themenkisten werden drei Auswertungsgruppen gebildet.

Ordnen Sie sich einer Gruppe zu und werten Sie die gesammelten Tipps nach Häufigkeit der Nennungen aus.
Stellen Sie die Tipps mit Erläuterungen im Plenum vor.

12 Wissen behalten: Auswendiglernen

Ziele und Überblick

- sich über den Sinn von Behalten und Vergessen klar werden
- unterschiedliche Mnemotechniken kennen
- regelmäßig systematisch wiederholen

A Probleme mit dem Behalten und dem Vergessen
B Mnemotechniken zur Erprobung
C Wiederholen in Intervallen

Kontext

Auch wenn es im Schul- und Studienalltag letztlich um komplexe Lernvorgänge und um Bildung geht, kommt man um das schlichte Auswendiglernen und Reproduzieren von Zahlen, Formeln, Daten, Begriffen, Regeln, Einzelfakten und Vokabeln nicht herum. Oft entsteht viel Frustration dadurch, dass man derartige auswendig gelernte Inhalte wieder vergisst. Aber gelernt ist etwas erst, wenn auf das Wissen zu einem späteren Zeitpunkt zurückgegriffen werden kann. Zusätzlich belastend wirkt, dass das Auswendiglernen in der Regel wenig wertgeschätzt wird und Üben wie Wiederholen nicht so viel Freude bereitet wie Zusammenhänge zu entdecken oder tiefere Einsichten zu gewinnen. Diejenigen aber, die sich Lernstoff dauerhaft einprägen können, haben in Schule und Studium mehr Erfolg. Deshalb sind Schüler meist dankbar, wenn ihnen die Lehrer zu diesem Problem methodische Hilfestellungen anbieten und nicht nur die Aufforderung an sie richten, das Gelernte oft zu wiederholen. Vorausgesetzt, die Unterrichtsinhalte wurden verstanden, liegen die wesentlichen Probleme in folgenden Bereichen:

- Es fehlt an der notwendigen Bereitschaft, die Mühe des Memorierens auf sich zu nehmen. Eine negative Voreinstellung erschwert das Lernen.
- Der wahrgenommene Unterrichtsstoff bleibt ohne subjektive Bedeutung, fremd und abstrakt. Es herrscht das Gefühl: „Das kann ich mir nicht merken." Die Informationen gelangen nicht einmal ins Kurzzeitgedächtnis.

■ Das Kurzzeitgedächtnis speichert die Fakten zwar, aber sie haften nicht im Langzeitgedächtnis. Man kann sich nach einiger Zeit nicht mehr an das erinnern, was man gelernt hat. Es ist irgendwie „weg".

Dieser Baustein bietet Material, mit dessen Hilfe Probleme rund um das Vergessen pragmatisch angepackt werden können. Aus der Fülle an Mnemotechniken sind einige ausgewählt, die im schulischen Unterricht experimentell erprobt werden können. Sie haben Angebotscharakter, weil es **die** Technik schlechthin nicht gibt und die Schüler lernen sollen, die für sie und den jeweiligen Lernstoff passende Methode kompetent auszuwählen. Sie unterscheidet sich je nachdem, ob man Vokabeln in den Fremdsprachen, Formeln und Begriffe in Mathematik und den Naturwissenschaften oder historische Daten, Theorien und Fachbegriffe lernen soll. Schließlich gehört zu diesem Baustein ein Vorschlag, das Memorieren zeitlich zu strukturieren.

Medien

Thema	Anlage	Titel	Form
Ⓑ	✓	Mnemotechniken zur Erprobung	Kopie je Schüler

Themenfolge

Ⓐ Probleme mit dem Behalten und dem Vergessen

Die Hinführung besteht darin, dass die Schüler die wesentlichen Probleme benennen, die sie mit dem Behalten und Vergessen beim Lernen haben. Kleingruppen setzen sich mit der Frage auseinander: „Wer kennt welche Tricks und Hilfsmittel beim Auswendiglernen?"

Ⓑ Mnemotechniken zur Erprobung

In diesem Teil des Unterrichts werden die Schüler ermuntert, individuelle Techniken zu entwickeln, die ihnen beim Auswendiglernen helfen können. Es gibt keine Patentrezepte, nur Ideen, die sich an klassische Techniken des Memorierens anlehnen. Sie beruhen letztlich alle darauf, dass das Auswendiglernen zu einem aktiven Erinnern gemacht und mit Strukturen angereichert wird. Eine kleine Auswahl davon wird im Grundzug vorgestellt. Das Arbeitsblatt (Anlage) enthält Erprobungsmaterial für die Schüler (vgl. KROLL 2003). Es kann als Hausarbeit bearbeitet und zu einem vereinbarten Zeitpunkt im Unterricht vorgestellt werden. Die Schüler probieren die Techniken später an Inhalten aus, die sie in den unterschiedlichen Fächern aktuell zu lernen haben. So erkennen sie, dass die Techniken je nach Fach und Lernstoff variieren und je nach Lerntyp unterschiedliche Verfahren hilfreich sein können. Geweckt werden soll die Lust, eigene Techniken zu entdecken. Nach einigen Tagen muss der Erfolg der Mnemotechniken im Kurs überprüft werden.

C   Wiederholen in Intervallen

Wenn das Einprägen von Lernstoff gelungen ist, bleibt die Aufgabe, ihn durch Wiederholung zu festigen, und zwar regelmäßig in größeren zeitlichen Abständen. Der Lernstoff muss aufgeteilt werden, denn zu viel Lernstoff auf einmal bedeutet unverhältnismäßig viel Lernaufwand. Verlage bieten für Schüler Lernkarteien an, die für diesen Zweck modifiziert werden können. Folgendes System (vgl. STEINER 2000, S. 232 f.) kann mit den Schülern erprobt werden, wenn sie in regelmäßigen Abständen – am besten täglich – und langfristig – möglichst über mehrere Monate – Begriffe oder größere Zusammenhänge üben wollen. Es klingt komplizierter als es ist, erfordert aber Lerndisziplin: Es gibt ein Fach für jeden Wochentag und jeden Monat. Der Schüler beginnt zum Beispiel an einem Montag mit dem Lernen, wiederholt dann alle Begriffe am Dienstag. Die gewussten kommen zurück ins Dienstag-Fach und werden so nach einer Woche wiederholt. Die nichtgewussten kommen ins Mittwoch-Fach, damit sie gleich am nächsten Tag wieder dran sind. Die Karten, die im Dienstag-Fach stecken, werden, wenn ihre Wiederholung keine Probleme macht, ins nächste Monatsfach gesteckt. Falls der Begriff aber nicht mehr präsent war, beginnt alles von vorn im Mittwoch-Fach. Hinzu kommt: Diese Methode schützt zuverlässig vor dem wertlosen „Überlernen". Was man kann, soll man nicht ständig wiederholen.

Querverweise

Baustein 3: Lernstil optimieren
Baustein 5: Prüfungen bewältigen

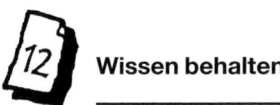

Wissen behalten **Anlage**

Mnemotechniken zur Erprobung

Beispiel 1:
Erfinden Sie zu einem historischen Datum, das Sie sich merken wollen, eine kleine Geschichte. Lassen Sie die Jahreszahl etwas Interessantes erleben und erzählen Sie diese Geschichte einem Mitschüler. Die Behaltensleistung wird in diesem Fall dadurch verbessert, dass nicht Fakten gelernt werden, sondern Handlungszusammenhänge, Ereignisse, Begebenheiten, die in eine eigene Geschichten-Welt eingebaut werden können. Gerade wegen des gewollt individualisierten Zugriffs dürfen keine „Muster" vorgegeben werden, höchstens Anregungen für einen Einstieg: Die „19" trifft ihre Großmutter, die „89", vor einer gefährlich baufälligen Mauer.

Beispiel 2:
Fragen Sie im Kurs nach bekannten Eselsbrücken und konstruieren Sie sich eine solche Brücke für Ihren Zweck. Diese Technik arbeitet häufig mit klanglichen Assoziationen, Reimen oder ungewöhnlichen bildlichen Vorstellungen. Das Ergebnis sind kurze Merksprüche, auch für Intelligente! Häufig hilft diese Methode, Begriffspaare zu unterscheiden, die immer wieder verwechselt werden, wie zum Beispiel: proximate Ursachen – ultimate Ursachen oder konvex – konkav oder Ordinate – Abszisse oder induktiv – deduktiv.

Beispiel 3:
Kombinieren Sie die Anfangsbuchstaben einer Reihe schwer zu lernender Begriffe oder Namen zu einem neuen Kunstwort (Akronym). Zum Beispiel: „Pemoker" für die Reformpädagogen: Pestalozzi, Montessori, Kerschensteiner.

Beispiel 4:
Merken Sie sich eine festgelegte Reihenfolge von Begriffen/Namen, indem Sie mit deren Anfangsbuchstaben Wörter bilden, die in der richtigen Reihenfolge einen kurzen Satz ergeben. Ein bekanntes Beispiel für die sechs Gitarrensaiten: eine alte dame ging hier ein. Wie könnte ein Satz lauten, mit dem Sie sich die neun Planeten in der Reihenfolge ihrer zunehmenden Entfernung von der Sonne merken?

Beispiel 5:
Verbinden Sie zu lernende Begriffe gedanklich mit Bildern von bestimmten Orten, zum Beispiel Ecken in Ihrem Zimmer. „Deponieren" Sie die Begriffe dort und schreiten Sie den Raum gedanklich mehrmals ab. Die Wirksamkeit dieser so genannten Loci-Technik beruht darauf, dass zum Beispiel für die Reihenfolge der Gliederungspunkte bei einer Prüfung keine weitere Gedächtniskapazität aufgebracht werden muss, weil die einzelnen Punkte in der Vorstellung an vertraute Orte angekoppelt werden, die gedanklich leicht abgeschritten werden können.

Beispiel 6:
Notieren Sie drei zu lernende Begriffe wie in einem Kreuzworträtsel und prägen Sie sich dieses Bild durch wiederholtes Aufschreiben fest ein. Hier macht man sich die Vorteile der Visualisierung zunutze, bei der die beiden Gehirnhemisphären gleichwertiger am Lernprozess beteiligt werden als beim nur verbal-abstrakten Lernen.

Beispiel 7:
Kleben Sie kleine Post-it-Zettel mit den zu lernenden Vokabeln in Ihrer Wohnung an Stellen, auf die Sie gewohnheitsgemäß mehrmals täglich schauen. So sorgen Sie für einen Wiederholungseffekt ohne bewusste Lernanstrengung.

13 Effektiv mitschreiben: Notizen mit Struktur

Ziele und Überblick

- Techniken des Mitschreibens vertiefend einüben
- Unterrichtsmitschriften mit Strukturhilfen anfertigen
- Wesentliches erkennen und methodisch strukturiert mitschreiben

A Mitschreiben und seine Funktionen
B Notiztechnik im Unterricht
C Training: Mitschreiben im Fachunterricht

Kontext

Mitschreiben im Unterricht ist für Schüler nicht immer eine leicht einlösbare Anforderung an selbstständiges Arbeiten. Im Laufe der Schuljahre haben sie ihre eigene Kultur entwickelt, zu notieren, was ihnen wichtig erscheint, und ihre „Mappen" zu führen. Die Ergebnisse unterscheiden sich im Grad der Sorgfalt, der Differenziertheit und in der Nutzung. Manche Schüler schreiben ohne Aufforderung das Tafelbild ab, andere machen sich lediglich Notizen über Ergebnisse der Stunde, kaum einer schreibt die Wortbeiträge von Mitschülern, die meisten schreiben nur nach ausdrücklicher Aufforderung des Lehrers mit. Neben der Haltung, so gut wie gar nicht mitzuschreiben, ist auch eine Haltung verbreitet, die hauptsächlich darauf ausgerichtet ist, quasi alles mitzuschreiben, um sich abzusichern. Mitschreiben entzieht sich im Unterricht der gymnasialen Oberstufe meistens der Aufmerksamkeit und der Überprüfung des Lehrers. Effektive Mitschriften werden jedoch zur wiederholenden Stundennachbereitung und zur Vorbereitung der schriftlichen Arbeiten oder mündlichen Prüfungen erwartet und in verschiedenen Richtlinien für die Oberstufe als zu lernende Technik festgehalten. In Vorlesungen und Seminaren in der Hochschule und in der Berufsausbildung wird Mitschreiben als eingeübte Technik vorausgesetzt. Hinzu kommt ein positiver Nebeneffekt: Da man, um sinnvoll mitzuschreiben, gleichzeitig mitdenken muss, kann dadurch die aktive Unterrichtsmitarbeit gefördert werden.

Diese Haltung ist der Lesehaltung verwandt, mit der Sachtexte erschlossen werden können (vgl. Baustein 10). So ist es zum Beispiel wichtig, nicht einfach mit dem Schreiben anzufangen, sondern eine Erwartungshaltung aufzubauen, gezielt mitzuschreiben und auf strukturierende Formulierungen und Schlüsselwörter zu achten. Auch die Nachbereitung einer Mitschrift folgt den gleichen Kriterien wie die einer Sachtextlektüre. Die Notierung offen gebliebener Fragen oder noch zu klärender Begriffe und Zusammenhänge ist ebenso wichtig wie die eigenständige Beurteilung des mitgeschriebenen Inhalts. Mitschriften kann man für unterschiedliche Zwecke verwenden. Notizen für einen Gedankenaustausch oder eine Diskussion sind anders zu dokumentieren als Mitschriften, die für die nächste schriftliche Arbeit verwendet werden oder sogar über mehrere Jahre der Prüfungsvorbereitung im Abitur dienen sollen. Der folgende Baustein zielt auf das Mitschreiben, um eine sinnvoll geführte „Mappe" als Basis für erfolgreiches Lernen anzulegen.

Medien

Thema	Anlage	Titel	Form
A	1	„Habenmodus des Lernens"	Kopie je Schüler
B	2	Seitenlayout für eine Mitschrift	Folie
	3	Notizen mit Struktur	Vorlage für Lehrervortrag

Themenfolge

A   Mitschreiben und seine Funktionen

Als Einführung in das Thema verteilt der Lehrer als Impuls zur Reflexion der möglichen Funktionen des Mitschreibens den Text zum „Habenmodus des Lernens" (Anlage 1). Nach einer Stilllesephase diskutieren die Schüler, inwieweit sie sich in den Ausführungen wiederfinden. Mögliche Funktionen des Mitschreibens in den verschiedenen Fächern der Sekundarstufe II werden zusammengetragen.

B   Notiztechnik im Unterricht

Die Schüler werden gebeten, eine Mitschrift zu verfassen. Diesmal wird
ihnen ein Seitenlayout für eine Mitschrift angeboten (vgl. WOTTRENG 2001,
S. 93). Die projizierte Folie (Anlage 2) wird von den Schülern übertragen. Der
Lehrer erinnert an die Funktion der Seitenaufteilung, die die Schüler in der
folgenden Übung übernehmen sollen.

Dann hält der Lehrer einen gegliederten mündlichen Vortrag über die
Funktion, die Struktur und mögliche Tücken des Mitschreibens. Ein
Vorschlag für einen solchen Vortrag ist angefügt (Anlage 3). Damit werden
Lerninhalt und Lernmethode miteinander verknüpft. Wenn diese methodi-
schen Tipps zum Mitschreiben als bekannt vorausgesetzt werden können, ist
an dieser Stelle alternativ ein klar strukturierter Sachvortrag zu einem
Thema aus dem Fachunterricht angebracht (vgl. BÜNTING 2002, S. 25 f.).

Die Schüler schreiben den Vortrag auf das vorbereitete Raster (Anlage 2)
mit. Gleichzeitig achten sie auf die Einhaltung der vorgetragenen Empfehlungen zum Mitschreiben. Nach dieser Übung können sie einige Minuten
ihre Mitschrift rekapitulieren und ergänzen. Anschließend tauschen sie ihre
Erfahrungen im Plenum aus. Erkenntnis: Mitschreiben ist ein individuelles
Verfahren, häufig verwendet, um einem Redner konzentriert zuzuhören.

C   Training: Mitschreiben im Fachunterricht

Im Fachunterricht werden die Empfehlungen zur Mitschrift erprobt und
trainiert. Ausdrücklich sollen nicht nur Tafelbilder oder Lehrervorträge protokolliert werden, sondern ebenso qualifizierte Schülerbeiträge, informative oder kontroverse Unterrichtsgespräche und weiterführende Gruppenar-
beitsergebnisse. Nach einigen Wochen werden die Partner ihre Mitschriften
vergleichen und ihre Erfahrungen mit dem Mitschreiben in verschiedenen
Fächern und den unterschiedlichen Unterrichtsmethoden austauschen.

Querverweise

Baustein   3: Lernstil optimieren
Baustein   5: Prüfungen bewältigen
Baustein 10: Sachtexte erschließen
Baustein 12: Wissen behalten

Effektiv mitschreiben   **Anlage 1**

Habenmodus des Lernens

Studenten, die an der Existenzweise des Habens orientiert sind, hören eine Vorlesung, indem sie auf die Worte hören, ihren logischen Zusammenhang und ihren Sinn erfassen und so vollständig wie möglich alles in ihr Notizbuch aufschreiben, sodass sie sich später ihre Notizen einprägen und eine Prüfung ablegen können. Aber der Inhalt wird nicht Bestandteil ihrer eigenen Gedankenwelt, er bereichert und erweitert diese nicht. Sie pressen das, was sie hören, in starre Gedankenansammlungen oder ganze Theorien, die sie speichern. Inhalt der Vorlesung und Student bleiben einander fremd, außer dass jeder dieser Studenten zum Eigentümer bestimmter, von einem anderen getroffener Feststellungen geworden ist (die dieser entweder selbst geschaffen hat oder aus anderen Quellen schöpfte).

Studenten in der Existenzweise des Habens haben nur ein Ziel: Das „Gelernte" festhalten, entweder, indem sie es ihrem Gedächtnis einprägen oder indem sie ihre Aufzeichnungen sorgsam hüten. Sie brauchen nichts Neues zu schaffen oder hervorzubringen. Der „Habentypus" fühlt sich in der Tat durch neue Ideen oder Gedanken über sein Thema eher beunruhigt, denn das Neue stellt die Summe der Informationen in Frage, die er bereits hat. Für einen Menschen, für den das Haben die Hauptform seiner Bezogenheit zur Welt ist, sind Gedanken, die nicht leicht aufgeschrieben und festgehalten werden können, furchterregend, wie alles, was wächst, sich verändert und sich somit der Kontrolle entzieht.

(ERICH FROMM: Gesamtausgabe in 12 Bdd. Hrsg. v. Rainer Funk.
© 1999 Deutsche Verlags-Anstalt GmbH, Stuttgart

 **Effektiv mitschreiben**   **Anlage 2**

Seitenlayout für eine Mitschrift

Datum Fach	Titel	Seite
Gliederung: Schlagwörter, Haupt- und Untertitel (nach der Mit- schrift ausfüllen)	**Inhalt**	**Fragen, Platz für Nach- bearbeitung** (nach der Mitschrift ausfüllen)
Eigene Gedanken, Fragen, Querverweise		

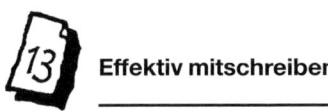 **Effektiv mitschreiben** **Anlage 3**

Notizen mit Struktur

„Mitschreiben erfordert Übung."
Beginnen Sie gleich damit und schreiben Sie diesen kurzen Vortrag strukturiert mit.

Ich werde über Ziele, Funktionen, Vorteile und Anforderungen referieren. Die Mitschrift ist eine grundlegende Methode der Kommunikation. Selbst moderne Medien können die klassische handschriftliche Notiztechnik nicht ersetzen. Mündlich vermittelte Informationen werden aus unterschiedlichen Gründen schriftlich festgehalten. Zum Beispiel im Unterricht, im Seminar, zu Protokollzwecken, in Diskussionen. Die Funktionen von Mitschriften im Unterricht richten sich nach der Verwendung, die in drei Kategorien zeitlich zu klassifizieren sind: kurzfristig als Gedächtnisstütze für ein Unterrichtsgespräch, mittelfristig für die zeitweilige Sicherung von Inhalten und langfristig für einen größeren Zeitraum, zum Beispiel mit dem Ziel einer Prüfung wie in schriftlichen Arbeiten oder im Abitur. Bevor Sie eine Mitschrift anfertigen, sollten Sie den Zweck festlegen. Häufig dient das Mitschreiben ausschließlich dazu, konzentriert bei der Sache zu bleiben. Das Mitschreiben ist aus lernpsychologischer Sicht aus verschiedenen Gründen sinnvoll: Im Vergleich zum passiven Zuhören ist es ein aktiver Prozess. Wer mitschreibt, muss aufmerksam und konzentriert sein. Da zwei verschiedene Lernkanäle, Hören und Schreiben, verwendet werden, kann man das Gehörte leichter und länger behalten. Sie werden den vorgetragenen Inhalt besser verarbeiten, da Sie ihn in Ihr eigenes Sprachvokabular übertragen müssen. Das Mitschreiben erfordert von Ihnen im Wesentlichen drei Kompetenzen: Zuhören, Auswählen und Mitdenken.

Mitschreiben verlangt genaues Zuhören:

Nur wer konzentriert zuhört, kann sinnvoll mitschreiben. Sie merken selbst: Es ist gar nicht leicht, zur selben Zeit zuzuhören und zu schreiben.

Mitschreiben bedeutet Auswählen:

Beim Mitschreiben wird nur das Wesentliche notiert. Wenn Sie mitschreiben, müssen Sie das Wichtige von weniger Wichtigem und Unwichtigem unterscheiden können. Darin steckt eine besondere Anforderung, denn in der Regel sind die mitzuschreibenden Inhalte für Sie neu und das erschwert zu erkennen, was wirklich wichtig ist. Häufig betont oder gewichtet der Vortragende allerdings selbst. Solche Hinweise sind dann aufschlussreich. Es kann nicht Ziel des Mitschreibens sein, alle Wörter der Rede festzuhalten, sondern nur eine gezielte Auswahl. Diese ist abhängig vom Kenntnisstand des Mitschreibenden, denn nur Unbekanntes wird notiert.

Mitschreiben heißt Mitdenken:

Man muss den thematischen Überblick behalten, sonst kann man dem Vortrag nicht folgen. Deshalb sollten Sie erst mitschreiben, wenn ein Gedanke abgeschlossen ist. Abschließender Ausblick: Eine spätere Nachbereitung der Mitschrift kann lernförderlich sein. Beim Lesen der Mitschrift können Sie einige wichtige Begriffe unterstreichen oder markieren. Randbemerkungen können beim Überarbeiten ergänzt werden, um noch Unklares zu klären oder die Mitschrift durch Bemerkungen zur Prüfungsvorbereitungen zu vervollständigen. Lassen Sie also beim Mitschreiben für die nachträglichen Ergänzungen Platz. Notieren Sie Zitatbelege und Literaturhinweise sorgfältig. Dies gilt auch für Namen und Begriffe, um sie eventuell noch nachzuschlagen. Eine gelungene Mitschrift ist übersichtlich gegliedert und leserlich geschrieben. Das erspart Ihnen das spätere Abschreiben. Obwohl eine Layout-Struktur genormt erscheint, ist Mitschreiben in seiner Form ein individuelles Verfahren. Deshalb kann bei jedem das Ergebnis unterschiedlich aussehen. Denn Interesse, Zweck, Kenntnisstand, Art von Ergänzungen und Trainingserfahrungen sind ebenso unterschiedlich. Mitschreiben ist also keine Kunst, benötigt aber Struktur und vor allem Übung.

Empfehlenswert zum Nachlesen oder auch für Ihr späteres Studium ist unter anderem der Leitfaden von KARL-DIETER BÜNTING u.a. mit dem Titel „Schreiben im Studium: mit Erfolg", Cornelsen Scriptor 2002.

14 Mitarbeit verbessern: Mündliche Beiträge

Ziele und Überblick

- Qualitätskriterien mündlicher Mitarbeit kennen
- Strategien kennen, wie man die Anforderungen an mündliche Mitarbeit erfüllen kann

A Bedeutung
B Kriterien
C Anforderungen
D Übungen zur Umsetzung der Anforderungen

Kontext

Wenn Schüler im Unterricht mitarbeiten, ist das für ihre Lernmotivation und ihren Lernerfolg günstig. Einen wesentlichen Teil der Mitarbeit machen auch in der Oberstufe die nicht-schriftlichen sonstigen Leistungen aus. Sie bestehen unter anderem darin, dass sich Schüler am Unterrichtsgespräch beteiligen, vor der Lerngruppe Ergebnisse referieren und aktiv an der Partner- und Gruppenarbeit teilnehmen. Manche Schüler (und Lehrer) sehen die Art der mündlichen Mitarbeit als eine reine Frage der Charakterdisposition an. Sicher spielt hier das persönliche Temperament eine große Rolle. Auch die Dynamik in der Lerngruppe und die äußeren Rahmenbedingungen für das Lernen sind von Bedeutung. Das darf aber den Blick nicht dafür verstellen, dass es trainierbare Techniken gibt, welche die mündliche Mitarbeit erleichtern und die entsprechenden Leistungen verbessern. Dafür sollen die Schüler ein Stück Selbstverantwortung übernehmen lernen. Dazu gehört auch zu reflektieren, worin die spezifisch fachliche Qualität eines mündlichen Beitrags liegt und welche individuellen oder sozialen Gründe einer qualitativ guten Mitarbeit entgegenstehen. Damit die Hinweise zur mündlichen Mitarbeit in der Schule nicht appellativ bleiben, ist in diesem Baustein eine Übung integriert, durch die Mitschüler sich gegenseitig bei der Verwirklichung ihrer Vorsätze unterstützen können.

Medien

Thema	Anlage	Titel	Form / Material
C		Anforderungen an mündliche Mitarbeit	je Kleingruppe etwa 8 Moderationskarten, einen Filzstift, Pinnwandnadeln
	✓	Mögliche Zuordnung der Anforderungen	Lehrerexemplar

Themenfolge

A   Bedeutung

Warum ist mündliche Mitarbeit in der Schule von so großer Bedeutung? Diese Frage wird einleitend mit der Lerngruppe besprochen. Es wird sich ergeben, dass ...

- aktives Lernen lernpsychologisch günstig ist,
- für außerschulische Redesituationen in größerem Kreis (zum Beispiel im Studium) trainiert werden kann,
- die Mitarbeit für die Leistungsbewertung in verschiedenen Fächern bedeutsam ist,
- die mündliche Abiturprüfung in hohem Maße auch kommunikative Kompetenzen verlangt.

Anschließend werden Hindernisse thematisiert, etwa durch folgende Anregung: Was steht einer aktiven mündlichen Mitarbeit entgegen?

B   Kriterien

Es geht um die Frage, was gute mündliche Mitarbeit ausmacht. Die Rahmenrichtlinien einzelner Fächer, einheitliche Prüfungsanforderungen für das Abitur oder andere vorgegebene Standards formulieren Qualitätskriterien für die Leistungsbewertung der mündlichen Mitarbeit. Diese haben zwar immer eine fachspezifische Komponente, sind aber weitgehend verallgemeinerbar. Der Lehrer stellt die allgemeinen Kriterien für Qualität und Quantität vor.

Alternativ können diese Anforderungen aus Richtlinien verschiedener Fächer von Schülern ermittelt und in eigenen Worten formuliert werden.

C   Anforderungen

Die Schülergruppe wird für kurze Zeit in vier Kleingruppen aufgeteilt. Die einzelnen Gruppen sammeln arbeitsteilig zu den vier Teilkriterien der Qualität Tipps, wie die Anforderungen im Unterricht konkret umgesetzt werden können. Dazu formulieren sie einzelne Handlungen von Schülern (zum Beispiel: „Fachsprache verwenden") und notieren diese jeweils auf eine Moderationskarte. Die Ergebnisse werden vorgestellt und an einer Wand präsentiert. Es kann dabei durchaus zu Überschneidungen bei der Zuordnung kommen, denn insbesondere können zahlreiche Tipps (auch) unter Fachkenntnis eingeordnet werden, aber das ist für die Auswertung unerheblich. Ein mögliches Ergebnis enthält die Anlage. Die Gesamtübersicht der Tipps wird von den Schülern schriftlich festgehalten, weil sie die Grundlage ist für die weiteren Übungen zur Umsetzung im Unterricht.

D   Übungen zur Umsetzung der Anforderungen

Auf die Sammlung der Empfehlungen zur Verbesserung der mündlichen Mitarbeit folgen Übungen, diese Tipps präsent zu halten und sie unterrichtlich anzuwenden. Mehrere Varianten bieten sich an:

1. Zur Übung kann eine Podiumsdiskussion oder eine offene Debatte im Kurs über ein Sachgebiet des Faches geführt werden. Entsprechend den vier Teilkriterien erhalten vier Schüler die Rolle eines Beobachters. Einer verfolgt die Fachdiskussion zum Beispiel unter dem Kriterium der gedanklichen Strukturiertheit und sprachlichen Klarheit (2.2), ein anderer achtet auf die allgemeine Kommunikationsfähigkeit (2.4) und so weiter. Die Sammlung von konkreten Verhaltensweisen aus der Gruppenarbeitsphase hilft ihnen dabei, dieses Kriterium zu operationalisieren. Nach verabredeter Zeit berichten die Beobachter der Gruppe über ihre Wahrnehmungen. Diese Methode schult sowohl die Diskussionsteilnehmer, indem sie ein unmittelbares konkretes Feedback erhalten, als auch die Beobachter, die in besonderer Weise sensibilisiert werden für das, worauf sie zu achten haben.

2. Möglich ist auch, dass man sich in der Lerngruppe verabredet, im regulären Fachunterricht eine Woche lang gemeinsam zum Beispiel besonders auf die Tipps zu den inhaltlichen und methodischen Kenntnissen (2.1) zu achten. Auch hier kann man Schüler für einzelne Unterrichtsstunden als Beobachter einsetzen.

3. Ein Ergebnis der Thematisierung der mündlichen Mitarbeit kann auch sein, dass der Lehrer von sich aus für einige Schüler der Klasse einen Tipp auswählt mit der Aufgabe, im Unterricht der folgenden Stunde oder der folgenden Woche ganz besonders auf diesen Aspekt der Mitarbeit zu achten. In diesem Fall handelt es sich um ein Mittel der individuellen Förderung einzelner Schüler. Die Erfahrungen sind dann in geeigneter Weise mit den Schülern einzeln auszuwerten.

4. „Welche drei Tipps werden Ihnen vermutlich bei der Umsetzung die größten Schwierigkeiten bereiten?" Diese Frage leitet die Schüler dazu an, für sich festzulegen, auf welche Punkte sie im Unterricht der kommenden Wochen nacheinander besonders achten wollen. Es können „Tandems" gebildet werden. Jeder erklärt dem Mitschüler, welchen der vorgestellten Tipps er zuerst umsetzen will. Der Partner soll präzise nachfragen, damit der Vorsatz möglichst konkret als Verhaltensweise benannt wird. In der Regel wird es sinnvoll sein, den individuellen Plan auf ein bestimmtes Fach zu konzentrieren und zu konkretisieren. Der Schüler hält für sich kurz schriftlich fest, was er sich vorgenommen hat, bevor die Rollen getauscht werden. Abschließend vereinbaren beide Schüler einen Termin, an dem sie sich über die erfolgte Umsetzung des Tipps unterhalten und gegebenenfalls neue Teilziele ins Auge fassen.

Querverweise

Baustein 5: Prüfungen bewältigen
Baustein 15: Gut präsentieren
Baustein 16: Gut referieren
Baustein 25: Andere verstehen

 **Mitarbeit verbessern**   **Anlage**

Mögliche Zuordnung der Anforderungen

1.   **Quantität:**
Häufigkeit und Regelmäßigkeit der Mitarbeit
Kontinuierlich mitarbeiten

2.   **Qualität:**

2.1 **Inhaltliche, methodische Kenntnisse und fachsprachliche Sicherheit**
Nachfragen, wenn man etwas nicht verstanden hat
Sich auf vorliegende Materialien beziehen
Fachsprache verwenden
Bezüge herstellen zu Inhalten anderer Fächer

2.2 **Gedankliche Strukturiertheit und sprachliche Klarheit**
Diskussionsstand zusammenfassen
Eigene Wortbeiträge strukturieren
Präzise formulieren
Redefloskeln vermeiden

2.3 **Eigenständigkeit und Originalität der Beiträge**
Neue Probleme und Fragen einbringen
Das Thema aktualisieren
Meinungen/Thesen/Standpunkte begründen
Inhalte auf eigene Erfahrungen beziehen
Weiterführende Gedanken einbringen

2.4 **Allgemeine Kommunikationsfähigkeit**
Abweichende Ansichten anderer akzeptieren
Auf Meldungen von Mitschülerinnen und Mitschülern achten
Schon Gesagtes nicht wiederholen
Inhaltlich und sprachlich an Beiträge anderer anknüpfen
Blickkontakt zu Gesprächspartnern herstellen

5 Gut präsentieren: Im Bilde sein

Ziele und Überblick

- Vorteile des Visualisierens im Unterricht erkennen
- grundlegende Gestaltungsregeln für wirkungsvolles Visualisieren vertiefen
- spezifische Möglichkeiten verschiedener Präsentationsmittel kennen
- Lust am Visualisieren entwickeln

A Vorteile von Schaubildern
B Grundregeln der Visualisierung
C Präsentationsmittel im Vergleich
D Stegreif-Bilder

Kontext

Die Präsentationsform darf nie Selbstzweck sein. Die Visualisierung ist andererseits aber auch alles andere als eine unwesentliche Verpackung. Sie kann den Informationsfluss deutlich verbessern und erleichtern, den Lernstoff zu behalten. Mit ihr ist immer verbunden, thematische Zusammenhänge zu reduzieren und zwischen den Symbolsystemen der Sprache, der Zahlen und der Bilder zu wechseln. Es geht hier also sowohl um kreativ-geistige Prozesse als auch um technische Fragen. Im Unterrichtsalltag sind die wesentlichen Mittel der Präsentation von Ergebnissen oder Themen: Pinnwand/Moderationswand, Flipchart und Folie mit dem Overhead-Projektor. Auf die Tafel wird in diesem Zusammenhang nicht näher eingegangen, weil sie bei Präsentationen von Schülern erfahrungsgemäß keine große Rolle spielt. Wenn die Schüler die Techniken der Gestaltung mit Layoutprogrammen am PC nutzen oder einen Beamer einsetzen, ergeben sich zusätzliche Möglichkeiten. Die grundsätzlichen Überlegungen und Entscheidungen sind aber keine anderen als bei der Herstellung von Präsentationen mit der Hand. Deshalb spielen in diesem Baustein einzelne PC-Grafikprogramme und Powerpoint-Präsentationen keine Rolle.

Aufbauend auf den Kenntnissen, die in der Sekundarstufe I erworben worden sind, erscheint es zu Anfang der Oberstufe sinnvoll, grundlegende Regeln im Zusammenhang mit dem Visualisieren weiterzuentwickeln und Übungsphasen in den Unterricht ausdrücklich einzubauen, damit nicht nur einige wenige „Visualisierungs-Profis" immer wieder ihr Können präsentieren, sondern möglichst viele ihre Kompetenz im Verstehen und aktiven Gebrauch der unterschiedlichen Symbolsysteme vertiefen. Eine Möglichkeit, eine Darstellung aufzulockern und gleichzeitig zu intensivieren, ist, neben Text und Zahlen auch Bilder in die Präsentation einzubeziehen. Viele haben aber die Sorge, das nicht hinreichend perfekt zu können. Die Flucht zu Clip-Arts bringt keine wirkliche Rettung, das Ergebnis wirkt meist zu bunt, zu technisch, zu bekannt. Wenn es gelingt, Mut zu Stegreif-Bildern zu machen, ist viel gewonnen. Schüler entwickeln dabei beachtliche Kreativität.

Medien

Thema	Anlage	Titel	Form / Material
A	1	Schaubilder unterstützen einen Vortrag	Folie
B	2a	Aufgabe zum Visualisieren	Kopie je Schüler DIN-A 2-Papier, Scheren, Klebestifte, Moderationskarten verschiedener Farbe, Form und Größe
	2b	Gestaltungskriterien für das Visualisieren	
C	3	Visualisieren mit der Folie	Kopie je Schüler
	4	Visualisieren am Flipchart	Kopie je Schüler
	5	Visualisieren an der Pinnwand	Kopie je Schüler

Themenfolge

A Vorteile von Schaubildern

Als Einstieg wird eine Folie präsentiert (Anlage 1), die aufzeigt, welche Vorzüge es hat, wenn eine Präsentation durch Schaubilder unterstützt wird (vgl. GORA 2001, S. 57 ff.). Der Lehrer und die Schüler erläutern die knappen Angaben mit eigenen Beispielen, gegebenenfalls wird die Liste ergänzt. In diesem Zusammenhang macht der Lehrer deutlich, dass Übungen im Visualisieren dazu dienen können, Unterrichtsergebnisse effektiv zu vermitteln und eine Hilfe für das eigene Lernen und Behalten sein können. Nicht zuletzt bereiten sie auf Anforderungen zum Beispiel in Seminaren im Studium oder in der Berufswelt vor. Das auswertende Gespräch in der Lerngruppe thematisiert die notwendige Ausrichtung der eingesetzten Schaubilder auf das Thema und das Publikum.

B Grundregeln der Visualisierung

Wenn Schüler einige Gestaltungsregeln beherzigen, die sich auf die Sprache, die Lesbarkeit des Textes, den Einsatz von grafischen Elementen und die Struktur der Darstellung beziehen, können sie ohne großen technischen Aufwand gute Ergebnisse bei der Präsentation erzielen. Die Schüler machen aus dem nicht layouteten Fließtext (Anlage 2a) ein Schaubild. Sie beschäftigen sich also in Partner- oder Gruppenarbeit mit den Regeln für die Visualisierung, indem sie diese anwenden. Dazu müssen einige Materialien bereitliegen. Technische Unterstützung durch PC-Programme ist möglich, aber nicht notwendig. Wenn die Kleingruppen ihre Schaubilder erstellt haben, hängen sie diese im Raum aus und vergleichen die gefundenen Lösungen. Ein mögliches Ergebnis zeigt Anlage 2b.

C Präsentationsmittel im Vergleich

Schritt 1: Alle Schüler erhalten Anlage 3 bis Anlage 5 und nehmen die gegebenen Informationen zur Kenntnis. Dann werden die Schüler in drei Gruppen aufgeteilt. Ein Teil der Schüler beschäftigt sich speziell mit der Folie, ein anderer mit der Pinnwand und der dritte mit dem Flipchart. Auf der Grundlage der Hinweise auf den jeweiligen Arbeitsblättern geht es arbeitsteilig für alle um die Frage, für welche Unterrichtssituationen und/oder Themen das jeweilige Präsentationsmittel den Schülern sinnvoll einsetzbar scheint. Zu diesem Zweck einigt sich jede Gruppe auf ein konkretes Sachthema aus dem aktuellen Unterricht eines Faches, das daraufhin befragt wird, welche Chancen und Grenzen das spezifische Präsentationsmittel bietet, die notwendigen Informationen zu vermitteln. Die Ergebnisse werden mit dem jeweiligen Präsentationsmittel vorgestellt und im Klassengespräch erörtert.

Schritt 2: Jeder Schüler übt nach Absprache mit einem Fachlehrer im Laufe des Schuljahres den Umgang mit einem Präsentationsmittel aus dem realen Unterrichtszusammenhang eines seiner Fächer.

D   Stegreif-Bilder

Der Lehrer ermuntert dazu, Bilder mit der Hand aus dem Stegreif mit einem breiten (!) Stift schnell zu zeichnen. Dazu folgen verschiedene Übungen:

a) Der Lehrer oder ein Schüler nennt **einzelne Begriffe.** Jeder Schüler visualisiert ihn in höchstens 20 Sekunden. Zum Beispiel: Abitur – Universität – Presse – Evolution.

b) Der Lehrer oder ein Schüler nennt **bildhafte Ausdrücke,** die visualisiert werden sollen. Zum Beispiel: Schuldenberg – Bevölkerungswachstum – Menschenkette.

c) Der Lehrer oder ein Schüler gibt **Redewendungen** vor. Zum Beispiel: „Umwege erhöhen die Ortskenntnisse" – „Um jemanden zu ehren, muss man über ihn hinausgehen." – „Derjenige kommt am weitesten, der bei sich selbst bleibt." (R.K. SPRENGER 2003).

d) Umgekehrt: Der Lehrer oder ein Schüler malt aus dem Stegreif einen **abstrakten Begriff.** Die Schüler raten, was dargestellt worden ist.

Querverweise

Baustein 12: Wissen behalten
Baustein 16: Gut referieren
Baustein 17: Befunde dokumentieren
Baustein 20: Themen zuschneiden

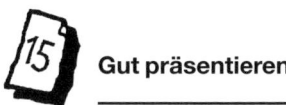

Gut präsentieren **Anlage 1**

Schaubilder unterstützen einen Vortrag

Die Aufmerksamkeit der Zuhörer wird gebündelt.

Zusammenhänge können grafisch veranschaulicht werden.

Kernaussagen und Schwerpunkte werden deutlicher.

Die Präsentation wirkt lebendiger und aufgelockerter.

Der Redeaufwand verringert sich.

Visualisierung ist gleichzeitig Stichwortmanuskript.

Informationen werden über mehrere Sinne aufgenommen und besser behalten.

Zuhörer können sich bei Nachfragen genau zurückbeziehen.

 **Gut präsentieren**   **Anlage 2a**

Aufgabe zum Visualisieren

Visualisieren Sie einzelne ausgewählte Tipps, die Ihnen im folgenden Text gegeben werden, in einer sachlichen Präsentation im DIN-A2-Format. Setzen Sie die Tipps unmittelbar um. Die gedachten Adressaten sind Schülerinnen und Schüler Ihrer Altersgruppe. Nutzen Sie das bereitgestellte Material und die Ihnen zur Verfügung stehenden technischen Hilfsmittel.

Visualisieren

Visualisierungen helfen nur, wenn sie lesbar sind. Deshalb sollten Sie auf eine angemessene Schriftgröße achten. Der Wechsel von Groß- und Kleinbuchstaben ist leichter lesbar als die Blockschrift mit ausschließlich Großbuchstaben. Visualisierungen sollten immer eine Überschrift haben. Sie sollten nicht unnötige Details auflisten, sondern Schwerpunkte setzen. Dazu gehört Mut zur Lücke, denn Visualisieren heißt immer auch Reduzieren. Das gilt vor allem für die Textmenge. Allerdings muss der Zuhörer mit den Stichwörtern auch noch etwas anfangen können. Oftmals sind kurze Sätze oder Halbsätze mit Nomen und Verb verständlicher. Günstig ist, wenn die Darstellung auch die Zusammenhänge und gedanklichen Strukturen (zum Beispiel Ursache/Wirkung, Folge, Gegensatz, Steigerung, Unter-/ Überordnung, zeitlichen Ablauf) veranschaulicht. Dazu können unter anderem Symbole und Pfeile oder Strukturbilder dienen, zum Beispiel Flussdiagramme oder Treppen. Zahlenwerte sollten nicht einfach aufgelistet werden, sondern in Diagramme übertragen werden. Die Anschaulichkeit lässt sich durch verschiedene Mittel erhöhen. Dazu zählen zum Beispiel Absätze und Einrückungen des Textes ebenso wie der Einsatz von Farben, die Unterstreichung, die Umrandung oder Schraffierung. Heben Sie Wichtiges hervor, aber setzen Sie diese Mittel nicht wahllos ein. Viel hilft nicht viel! Achten Sie darauf, dass Sie einheitlich vorgehen. Was ähnlich ist, muss ähnlich gestaltet werden. Letztlich gilt für alle gestalterischen Entscheidungen beim Visualisieren im Unterricht, dass sachliche Klarheit wichtiger ist als Schönheit und Originalität. Perfektion ist nicht nötig.

 Gut präsentieren Anlage 2b

Gestaltungskriterien für das Visualisieren

reduziert

- Schwerpunkte setzen
- Mut zur Lücke

systematisch
- Gleiches gleich und Verschiedenes unterschiedlich

strukturiert
- Gliedern
- Symbole, Pfeile verwenden

Gestaltungskriterien für das Visualiseren

typografisch
- große Schrift
- lesbar
- keine Blockschrift

sprachlich
- Stichwörter/ Halbsätze
- Absätze

anschaulich

maßvoll einsetzen:
- Farben
- Formen
- Hervorhebungen

 **Gut präsentieren** Anlage 3

Visualisieren mit der Folie

Tipp 1 Nicht zu viele Folien!
(maximal eine Folie in drei Minuten)

Tipp 2 Keinen Schrift- und Format-Mix!

Tipp 3 Maßvoll, aber zielgerichtet mit Farben umgehen!

Tipp 4 Schriftgröße nicht unter 18 Punkt!

Tipp 5 Als Referent nicht zwischen Projektor und Projektionsfläche stehen!

Tipp 6 Teile der Folie eventuell abdecken und nach und nach aufdecken!

Tipp 7 Folieninhalt nicht vorlesen!

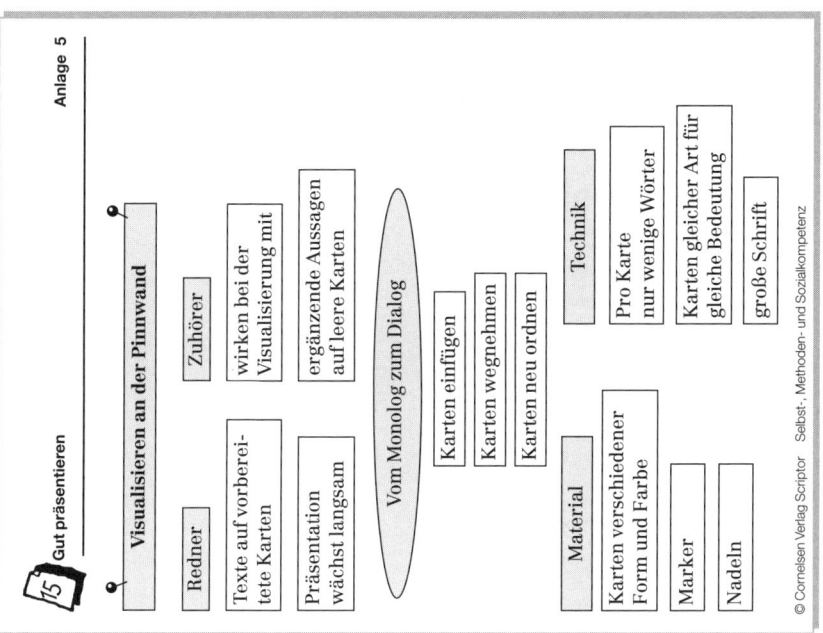

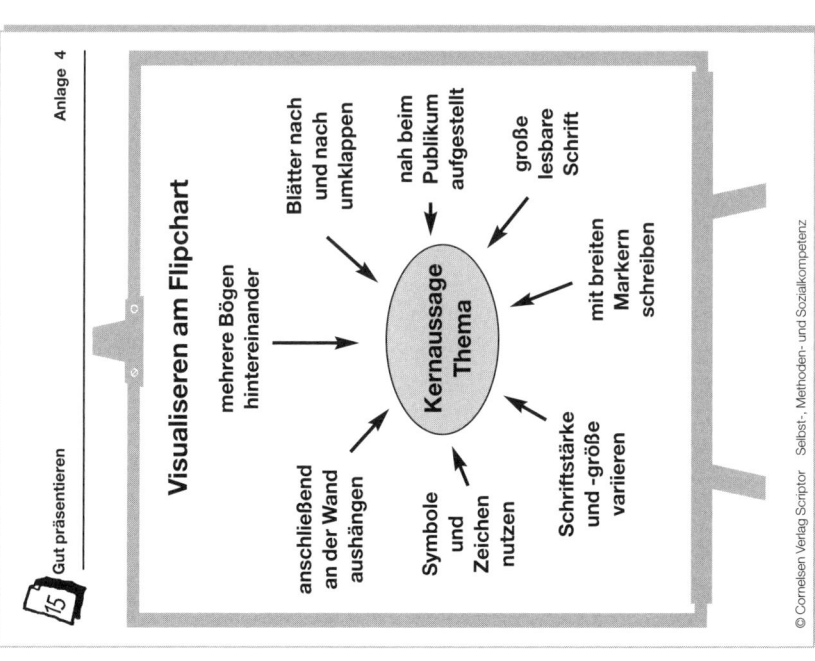

16 Gut referieren: Mündliche Vorträge

Ziele und Überblick

- ein mündliches Referat aufbauen
- Redemanuskripte erstellen
- Kriterien für gelungenes Referieren entwickeln
- vor Publikum abbauen souverän auftreten

A Voreinstellungen, Erfahrungen mit Referaten
B Stegreifreden
C Schritte zum Referat
D Das Redemanuskript
E Referate beurteilen

Kontext

Mündliche Vorträge kommen als Referate oder mündliche Prüfungen in allen Fächern vor. Vergleichbare Anforderungen begegnen Oberstufenschülern, wenn sie zu Bewerbungsgesprächen für Ausbildungsplätze eingeladen werden. Doch erleben die Schüler nicht nur in den ausdrücklichen Prüfungssituationen eine erhöhte Anspannung. Selbst in Lerngruppen, die sich schon gut kennen, und vor Lehrern, mit denen sie vertrauensvoll zusammenarbeiten, fällt es vielen Schülern noch schwer, einen längeren mündlichen Vortrag im Unterricht zu halten. „Von vorne" zuhörerorientiert über ein Sachthema frei zu sprechen gilt als belastend und methodisch nicht einfach. Das betrifft sowohl die mit dem Entwurf eines Referats verbundenen Aufgaben als auch das Halten der Rede mit Blickkontakt zu den Zuhörenden und ohne Verlegenheitsgesten.

Ein Referatthema inhaltlich zu erarbeiten, erfordert eine Vielzahl von Techniken: unter anderem Finden und Erschließen eines Themas, Recherchieren von Literatur und Material, Erstellen eines Konzepts, Entwurf und Bearbeitung eines Textes. Die dafür geltenden Regeln sind auch hier gültig.

Aber: Ein mündlicher Vortrag ist keine „Schreibe" (vgl. dazu FRANCK 1999, S.129 ff.). Die Unterschiede liegen vor allem im Adressatenbezug, in der Manuskriptform, in der Sprache und in der Präsentation. Dieser Baustein umfasst mehrere Unterrichtsstunden, die als kleine Unterrichtsreihe oder in aufbauenden Einzelstunden durchzuführen sind. Leicht werden sich Möglichkeiten ergeben, die erworbenen Kenntnisse im Unterricht verschiedener Fächer zeitnah anzuwenden. An dieser Stelle dürfte die Verzahnung von Fachunterricht und fachübergreifendem Methodenlernen unkompliziert zu realisieren sein.

Medien

Thema	Anlage	Titel	Form
B	1	Kommunikationsschema für Referate	Folie
C	2	Auf dem Weg zum Referat	Folie
	3	Von der Stegreifrede zum Vortrag	Lehrermaterial
D	4	Ausformuliert plus Stichwörter	Kopie je Schüler
E	5	Checkliste für Referate	Kopie je Schüler

Themenfolge

A   Voreinstellungen, Erfahrungen mit Referaten

Alle Schüler haben Erfahrungen mit Referaten. Sie bringen ihre Voreinstellungen in den Unterricht mit. Darüber sollen sich die Schüler zu Anfang klar werden und im Gespräch austauschen. Sowohl positive wie negative Konnotationen zum Stichwort „Referat" sind wahrscheinlich. Aus der Darstellung der Probleme lassen sich schon erste allgemeine Anforderungen für das Verfassen und Halten von Vorträgen im Fachunterricht ableiten.

B   Stegreifreden

Damit nicht nur „über" Referate geredet wird, sondern eine unmittelbare und anschauliche Erfahrung gemacht werden kann, die eventuell vorhandene Redeängste abbauen hilft, hält jeder Schüler eine unvorbereitete Rede von zirka zwei Minuten Länge. Diese auch aus der Fortbildung von Erwachsenen bekannte Methode reicht aus, um auf Grundfragen für das Referieren zu stoßen: Konzentration auf wesentliche Fachinhalte, körpersprachliche Kommunikation, Strukturierung des Vortrags, Adressatenbezug, Wahl der angemessenen Sprachform, Einleitung und Schluss der Rede.

Das jeweilige Thema ergibt sich dadurch, dass jedes Gruppenmitglied auf zwei kleine Zettel jeweils einen Begriff notiert. Das Rahmenthema kann ein Inhalt des Unterrichts oder ein aktuelles politisches Ereignis sein. Hilfreich ist der Lehrerhinweis, zum Thema möglichst ausgefallene Begriffe aufzuschreiben. Die eingesammelten Zettel werden in einer Schachtel gemischt. Der erste Schüler zieht zwei Zettel aus der Schachtel und hält seinen Mini-Vortrag. Die Zufallskombination von Begriffen führt zu meist fantasievollen Beiträgen. Dadurch schwindet die Angst zu sprechen. Dann folgt der nächste Redner und so weiter. Es bewährt sich, die Stegreifrede als Überzeugungsrede anzulegen, nicht als sachlichen Vortrag, damit der Beitrag eine Zuspitzung bekommt und die Zuhörer lebhafter reagieren. Nach jedem Kurzvortrag gibt es ein knappes Feedback zu den oben genannten Grundfragen.

Diese werden abschließend systematisiert mit dem Kommunikationsmodell der vier Seiten einer Nachricht (vgl. Schulz v. Thun 1994), das die Schüler wahrscheinlich aus dem Fachunterricht schon kennen. Es bietet sich an, dieses Modell ganz konkret auf ein gehörtes Referat zu beziehen. Dazu kann die Folie (Anlage 1) mit den Schülern gemeinsam am Tageslicht-Projektor ausgefüllt werden. Die auszuwertenden Fragen, die auf das jeweilige Referatthema zu beziehen sind, lauten auf die vier Seiten der Nachricht bezogen:

- Was erfordert das Thema? Welche Aspekte enthält es?
- Was ist für mich wichtig? Wie will ich mich präsentieren?
- Was erwarten meine Zuhörer? An welche Kenntnisse und Interessen kann ich anknüpfen?
- Was will ich mit meinem Referat erreichen?

C   Schritte zum Referat

„Was müssten Sie beachten, wenn Sie aus der Stegreifrede einen längeren Vortrag machen wollten?" Dies ist die Leitfrage, um mit den Schülern über die für ein Referat wichtigen Schritte und Überlegungen zu sprechen. Eine Übersicht, wie in Anlage 2 als Folienvorlage angelegt, bietet einen Plan, um mit den Schülern Ideen zu sammeln, wie die einzelnen Teilaufgaben für längere Referate im Fachunterricht umgesetzt werden können. Auf dem Weg vom Start zum Ziel kann der Lehrer seinerseits spezifische Ansprüche und Anforderungen aus seinem Unterrichtsfach einführen, denen die Schülerreferate genügen sollen. Mögliche Lösungen nennt in Stichworten Anlage 3. Zu den beiden für ein Referat im Blick auf die Kommunikationssituation zentralen Teilen – Einstieg und Schluss – lassen sich unmittelbar Reflexionen und Übungen mit der Klasse anschließen: Es können kommunikative Strategien besprochen werden, wie Schüler in Referaten die Aufmerksamkeit ihrer Mitschüler wecken können. Dabei ist besonders auf die Unterrichtssituation und die Beziehungsebene der Schüler untereinander zu achten, wodurch manche Strategien, die bei einer öffentlichen Rede vor fremdem Publikum angebracht scheinen können, sicher nicht in Frage kommen. Geübt werden können auch unterschiedliche Formen, den Schluss eines Referats zu gestalten. Verschiedene Schlusssätze werden ausprobiert und variiert, die Motive aus der Einleitung aufgreifen. Den Schülern kann dabei die Wirkung von Sprachvarietäten (Standardsprache, Unterrichtssprache, Wissenschaftssprache, Literatursprache, Umgangssprache) an Beispielen von Schlusssätzen bewusst gemacht werden. Zu einigen Schritten dieser Abfolge bietet dieser Baustein noch weiterführendes Übungsmaterial.

D   Das Redemanuskript

Das Referieren im schulischen Rahmen und bei mündlichen Prüfungen erfordert ein Stichwortmanuskript, das nicht ausformuliert ist. Eine Vorübung besteht darin, zu einem ausgearbeiteten Manuskript einer Rede – diesmal kein Sachvortrag, sondern eine Eröffnungsrede zu einer öffentlichen Ausstellung von Schülerarbeiten eines Leistungskurses Kunst – mögliche Stichwort-Formulierungen am Rand zu notieren (Anlage 4). Die Technik: ausformulierter Text plus Stichwörter am Rand ist bei einem Referat ein Schritt weg vom Ablesen hin zur freien Rede mit wenigen Notizen. Die Sicherheit, gegebenenfalls auf die ausformulierten Sätze zurückgreifen zu können, macht es leichter, sich vom Text zu lösen. Die Schüler werten ihre Stichwort-Lösungen aus: Was müsste wörtlich festgehalten sein? Welcher Unterschied besteht zwischen Sachvorträgen und feierlichen Eröffnungsreden? Welche Folgen ergeben sich für die Gestaltung des Manuskripts?

E Referate beurteilen

Als Zusammenfassung der erarbeiteten Ergebnisse und zur Ergänzung von noch nicht behandelten Aspekten bietet es sich an, Kriterien für gutes Referieren zusammenzustellen. Dass dazu zunächst die fachliche Qualität gehört, ist selbstverständlich, sollte aber an dieser Stelle vor den Schülern eigens herausgestrichen werden, damit der Unterricht nicht einer verbreiteten Tendenz Vorschub leistet, Aspekte der Präsentationsform überzubetonen. Es muss deutlich sein, dass bei einem Referat nicht die „Show" beurteilt wird, sondern das Darstellen und Vermitteln von Inhalten. Aber auch dies hat zahlreichen formalen Kriterien zu genügen.

Die Schüler erhalten die wesentlichen Kriterien zu einer Checkliste zusammengefasst (Anlage 5), die ihnen als Vorlage für Referate im Fachunterricht dienen und eine transparente Bewertungsgrundlage abgeben kann, wenn sich die Lehrkräfte darauf als gemeinsam vertretene Anforderung verständigen (vgl. WOTTRENG 2001, S. 174 f.).

Querverweise

Baustein   5: Prüfungen bewältigen
Baustein 15: Gut präsentieren
Baustein 20: Themen zuschneiden
Baustein 21: Quellen auswählen

Gut referieren

Kommunikationsschema für Referate

16   Gut referieren   Anlage 2

Auf dem Weg zum Referat

Stellen Sie sich ein konkretes Thema vor, zu dem Sie in einem Ihrer Unterrichtsfächer ein Referat halten sollen. Gehen Sie gedanklich vom Beginn zum Ziel „Referat halten" und notieren Sie zu jedem Punkt auf dem Weg mehrere konkrete Vorschläge, wie Sie den genannten Schritt in diesem Fall umsetzen könnten.

 **Gut referieren** Anlage 3

Von der Stegreifrede zum Vortrag

Abfolge von Teilschritten	Anforderung
Vorbereitung	Sachthema sorgfältig erschließen, sich über Vorkenntnisse und Interessen der Zuhörenden Gedanken machen
Einstieg	Aufmerksamkeit wecken, Überblick geben, den eigenen Bezug zum Thema benennen, den ersten Satz wegen dessen Bedeutung besonders sorgfältig bedenken
Hauptteil	inhaltliche Struktur durch Chronologie oder spannungserzeugenden Kontrast oder deduktives oder induktives Argumentieren; Gliederung dem Zuhörer transparent machen
Schluss	Ergebnisse zusammenfassen, Schluss-folgerungen ziehen, Ausblick geben
Manuskript	Karteikarten (DIN-A 6) einseitig übersichtlich beschreiben, nur Stichworte und Halbsät-ze, Gliederungspunkte notieren, Zitate wörtlich, auch Eröffnungs- und Schlusssatz gegebenenfalls wörtlich aufschreiben
Probesprechen	langsam, laut und deutlich artikulieren, eventuell auf Tonträger aufnehmen, Stich-wortkarten gegebenenfalls ergänzen und korrigieren, Zeit überprüfen, Haltung, Gestik, Mimik kontrollieren
Referat halten	verständlich und deutlich sprechen, Zusatz-materialien und Medien funktional aus-wählen, souverän mit Pannen umgehen

16 Gut referieren Anlage 4a

Ausformuliert plus Stichwörter

Formulieren Sie zu dem in der linken Spalte stehenden Redetext in der rechten Spalte Stichwörter, die die Grundlage für die Rede sein könnten. Vergleichen Sie anschließend Ihre Ergebnisse miteinander.

Liebe Kunstinteressierte,

ich begrüße Sie zur Eröffnung dieser Ausstellung. Was haben eine Gabel, ein Porträt, eine Tube Rot und eine abstrakt bewegte Linie gemeinsam? Auf der Suche danach möchte ich Sie durch diese Ausstellung und deren Hintergründe leiten. Alle Bilder verbindet, dass sie hier hängen und bis Ende des Monats betrachtet werden können. Sie wurden aus einer umfangreichen Mappe von Gestaltungsarbeiten ausgewählt. Erstellt haben sie die hier anwesenden Schülerinnen und Schüler des Kunstleistungskurses, die seit einem halben Jahr gemeinsam im Kurs des 12. Jahrgangs arbeiten. Die Bilder sind entstanden aus der Beschäftigung mit dem Thema „Grafik: Druck und Zeichnung". Die Schülerinnen und Schüler haben gestalterisch experimentiert, nach dem eigenen zeichnerischen Ausdruck gesucht, nach einer neuen grafischen Technik, dem Einsatz von Farbe, Schraffur und Fläche. Das Grafische verbindet diese gelungenen Experimente. Reizvoll ist dabei, eine Gabel oder ei-

16 Gut referieren Anlage 4b

nen Teebeutel in locker luftigen Strichlagen relativ frei wiederzugeben.

Das Ziel ist nicht etwa eine möglichst naturalistische Wiedergabe, sondern die Dinge durch die jeweilige Technik zu übersetzen. Wer verdichtet, verändert, verformt, erzeugt eine eigenständige Form der Wahrheit. Die hier ausgestellten Bilder sind technisch vielfältig und inhaltlich unterschiedlich. Die Auswahl der Inhalte und die Art, wie diese umgestaltet wurden, verdeutlicht das Subjektive und Individuelle derjenigen, die es hergestellt haben. Insofern ist die Suche nach dem Gemeinsamen, dem verbindenden Element hier nicht bedeutsam. Das Bild ist Ausdruck einer ganz persönlichen Auseinandersetzung. Suchen wir deshalb eher nach dem Besonderen in der Wiedergabe einer Gabel, eines Porträts, einer Tube Rot. Ein DRUCK. Der Titel dieser Ausstellung ist mehrdeutig: Er bezieht sich auf die Gestaltung des Tiefdrucks. Die Schüler bekamen einen Eindruck von Ausstellungs-praxis und Kunstmarkt. Sie erhalten einen Eindruck aus unserer Praxis im Kunstunterricht. Wir hoffen, dass wir hier bei Ihnen Eindruck hinterlassen. Gerne kommen wir mit Ihnen ins Gespräch über die Arbeiten dieser Ausstellung.

2.3 Schluss
- ❏ Zuspitzung, Zusammenfassung formuliert
- ❏ Abrundung, Schlussfolgerung, Ausblick gegeben
- ❏ freundliches, nicht floskelhaftes Ende gewählt

3. Sprachliche Ausführung
3.1 Verbale Sprache
- ❏ kurze Sätze, übersichtlicher Satzbau, frei gesprochen
- ❏ deutliche und variierende Artikulation
- ❏ angemessener Stil
- ❏ bewusst eingesetzte Redepausen
- ❏ Fachsprache, aber kein Fachchinesisch
- ❏ anschaulich, lebendig in der Wortwahl
- ❏ keine floskelhaften Redewendungen benutzt

3.2 Körpersprache
- ❏ selbstbewusst, aber nicht überheblich aufgetreten
- ❏ zugewandte, nicht steife Körperhaltung
- ❏ Blickkontakt zu Mitschülern (nicht nur zu dem Lehrer!) gehalten
- ❏ angemessene ruhige Haltung und klare Gestik

Checkliste für Referate

1. Vorarbeiten
1.1 Vorbereitung
- ❏ Thema vielseitig und fachlich korrekt und vollständig erschlossen
- ❏ eigenes Interesse am Thema verdeutlicht
- ❏ Vorkenntnisse und Interessen der Mitschüler berücksichtigt
- ❏ notwendige Materialien und technische Geräte vorbereitet
- ❏ Zeitbedarf realistisch kalkuliert

1.2 Manuskript
- ❏ Karteikarten sinnvoll beschriftet
- ❏ Einleitung und Schluss sowie Zitate wörtlich aufgeschrieben

2. Aufbau des Referats
2.1 Einleitung
- ❏ Interesse weckender Aufhänger gefunden
- ❏ informierenden Einstieg gewählt
- ❏ Ziele klar benannt
- ❏ Zusammenhang zur Unterrichtseinheit und zum Unterrichtsthema hergestellt

2.2 Hauptteil
- ❏ präzise ins Thema eingeführt
- ❏ fachlich korrekt informiert
- ❏ Struktur des Referats transparent gemacht
- ❏ Fachbegriffe und Abkürzungen, wo nötig, erklärt
- ❏ gezielt wenige sinnvolle Schwerpunkte gesetzt

17 Befunde dokumentieren: Beobachtung/Experiment

Ziele und Überblick

- den empirischen Erkenntnisweg nachvollziehen
- methodische Schritte des Beobachtens und Experimentierens rekapitulieren
- einen vorgegebenen Versuch durchführen und methodisch strukturiert protokollieren

A Empirischer Erkenntnisweg
B Beobachten und Experimentieren – methodische Schritte
C Versuchsdurchführung
D Versuchsprotokoll

Kontext

Durch empirische Vorgehensweise werden reproduzierbare Aussagen aus Beobachtungen, Versuchen und Experimenten gewonnen. Dieser Baustein gliedert sich in drei Schwerpunkte: Der erste Teil beschäftigt sich mit erkenntnistheoretischen Fragen, der zweite mit der methodischen Abfolge von Beobachtung und Experiment und der dritte Teil verdeutlicht am Beispiel einer Versuchsdurchführung die Methode der Dokumentation von Ergebnissen. Dabei soll das Protokollieren eines Versuchs geschult werden. Der Versuch ist ohne größere zeitliche Vorbereitung oder apparativen Aufwand durchzuführen, spezielle Versuchsobjekte und -materialien müssen nicht verfügbar sein. Der Baustein lässt sich zum Beispiel im naturwissenschaftlichen Fachunterricht auf einen biologischen, chemischen oder physikalischen Versuch übertragen und auch auf sprachliche und gesellschaftswissenschaftliche Fächer beziehen, die ebenso mit empirischen Untersuchungen arbeiten.

Medien

Thema	Anlage	Titel	Form
A	1	Empirischer Erkenntnisweg	Schere, Klebestifte, unliniertes Papier je zwei Schüler
B	2	Beobachten und experimentieren – methodische Schritte	Folie
C	3	Instruktion	je Anleiter **nur** ein Exemplar
	4	Versuchsprotokoll	Kopie je Schüler

Themenfolge

A   Empirischer Erkenntnisweg

Die Schüler werden beauftragt, aus den Begriffen in Anlage 1 ein Schaubild zu fertigen, das den Weg der empirischen Erkenntnis darstellt. Diese Phase erfolgt in Partnerarbeit. Anschließend werden einige Schaubilder vorgestellt und kurz erläutert. Je nach Kenntnisstand der Schüler kann auf das Thema „Hypothesen und Theoriebildung"eingegangen werden. Für vertiefende Erarbeitungen bieten sich Anknüpfungspunkte an zu philosophisch orientierten und wissenschaftstheoretischen Themen, wie zum Beispiel der Entstehung von Theorien und Weltbildern oder des Paradigmenwechsels.

B   Beobachten/experimentieren – methodische Schritte

Die Methoden des Beobachtens und Experimentierens bestehen aus einer bestimmten Folge von Arbeitsschritten. Diese werden anhand der Übersicht (Anlage 2) erläutert (vgl. WINKLER/WOLFF 2001, S. 98). Insbesondere für selbstständige Forschungsarbeit etwa im Rahmen einer Facharbeit kann diese methodische Struktur Orientierung bieten. Diese Lösungsstrategie unterstützt durch einen hypothetisch-deduktiven Ansatz, Beobachtungsaufgaben und Schülerexperimente erfolgreich zu lösen.

C   Versuchsdurchführung

Vorbereitung
Die Lerngruppe wird aufgeteilt in Kleingruppen mit mindestens fünf bis zu sieben Personen. Folgende Rollen werden in den Gruppen verteilt: Protokollant, Anleiter, Proband 1, Proband 2, Proband 3 und so weiter. Proband 1 bleibt im Raum, alle anderen Probanden warten kurz vor dem Raum. Nur der Anleiter erhält die Instruktion (Anlage 3) und achtet auf deren Einhaltung.

Durchführung
Der Versuch wird entsprechend der Instruktion durchgeführt, die Ergebnisse werden protokolliert. Die Gruppen kommen wahrscheinlich zu folgender Beobachtung: Beim zweiten Versuch mit geschlossenen Augen erreicht man eine weitere Drehung. Es findet ein wechselseitiger Transfer von körperlichen zu mentalen Erfahrungen statt. Wenn alle Probanden den Versuch gemacht haben, sichtet die Gruppe die Ergebnisse für die Dokumentation dieses Versuchs.

D   Versuchsprotokoll

Die Grundsätze der methodischen Struktur des Protokolls (Anlage 4) werden als Orientierung besprochen. Mit Hilfe dieses Materials dokumentieren die Schüler die durchgeführte Versuchsreihe in einem Protokoll.

Querverweise

Baustein 15: Gut präsentieren
Baustein 18: Diagramme lesen

 **Befunde dokumentieren** **Anlage 1**

Empirischer Erkenntnisweg

Visualisieren Sie den Prozess der Erkenntnis.
Schneiden Sie zu diesem Zweck die Formulierungen aus und kleben Sie
diese als Strukturbild gestaltet auf ein gesondertes Blatt.

Beobachtungen/Fragestellung

Bestätigung der Hypothese

bewährte Hypothese

Deduktion

Ergebnisse von Beobachtungen und Experimenten

Falsifizierung

Hypothese

neue oder verbesserte Hypothese

Prüfung durch weitere Beobachtungen und Experimente

Theorie

Weltbild

 **Befunde dokumentieren** **Anlage 2**

Beobachten und experimentieren – methodische Schritte

Thema, Problem, Beobachtung
Erkennen des Problems
Erfassen der Aufgabenstellung

Hypothese
Formulieren von Hypothesen
Bereitstellen von Kenntnissen

Planung Beobachtung
Ausarbeiten eines Planes zur
Durchführung der Beobachtung

Auswählen der geeigneten
Objekte und Materialien

Planung Experiment
Ausarbeiten eines Planes zur
Anordnung des Experiments
Planen der Reihenfolge der ex-
perimentellen Schritte
Planen der Geräte und
Reagenzien

Durchführung
Durchführung entsprechend des Planes
Erfassen und Notieren der Ergebnisse
im Versuchsprotokoll

Auswertung
Diskussion der Ergebnisse
Vergleich Hypothese und Ergebnis
Ableiten von Schlussfolgerungen

 **Befunde dokumentieren** Anlage 3

Instruktion

1. Geben Sie dem ersten **Probanden** folgenden Auftrag:
Er soll eine bequeme gerade Stellung einnehmen, indem er die Beine etwa in Schulterbreite fest auf den Boden stellt. Während der gesamten Übung behält er diese Fuß- und Beinstellung bei. Jetzt hebt er seinen rechten Arm waagerecht in die Höhe und richtet den Zeigefinger nach vorne. Er beobachtet die ganze Zeit das mit dem Zeigefinger Fokussierte genau.
a) Langsam dreht der Proband seinen Oberkörper nach rechts und beobachtet genau, worauf er zeigt. Er lässt Schulter und Kopf folgen. Er beendet seine Drehung, wenn es unangenehm wird. Er teilt mit, was er im Raum in dieser Endposition mit dem Zeigefinger fixiert. Er dreht sich zurück und lässt seine Arme hängen und schüttelt sie leicht aus.
b) Ohne seine Standhaltung zu verändern, führt er mit geschlossenen Augen dieselbe Drehung des Oberkörpers mit ausgestrecktem Arm erneut durch. Wieder stoppt er beim maximalen Drehpunkt, wenn es unangenehm ist. Erst dann öffnet er die Augen und benennt, was er in diesem Moment sieht.

2. Geben Sie dem **Beobachter** folgenden Auftrag:
Er soll genau die jeweils von dem Probanden im Raum fixierten Punkte bei Versuch a) und b) protokollieren, indem der Abstand zwischen beiden Werten gemessen und festgehalten wird.

3. Für **weitere Probanden**, die den Versuch nicht beobachten und ihn nicht kennen:
Weitere Gruppenmitglieder halten sich kurzfristig außerhalb des Raumes auf. Sie werden einzeln zum Vergleichsversuch hereingerufen und die Versuchsreihe wird wiederholt.

 **Befunde dokumentieren**   **Anlage 4**

Versuchsprotokoll

Ein Versuchsprotokoll dient der exakten Dokumentation. Die Ergebnisse der deduktiv-hypothetischen Vorgehensweise werden präzise festgehalten. Dafür gelten folgende Grundsätze:

Grundsätze für die Struktur

1. **Thema/Problemstellung**
   Erfassen der Problemstellung und des Versuchsziels
   Formulieren der Fragestellung und des Ziels des Versuchs

2. **Ableiten und Formulieren der Hypothese**
   Formulieren der Arbeitshypothese, die überprüft werden soll. Voraussage des erwarteten Ausgangs des Experiments oder der Beobachtung
   Einbeziehen von Kenntnissen

3. **Beschreiben der Versuchsanordnung**
   Ausarbeiten der Durchführung einer Beobachtung oder eines Experiments
   Möglichkeiten und Grenzen des Ansatzes abstecken

4. **Durchführung der Beobachtung oder des Experiments**
   Versuchsablauf genau verbalisieren

4.1 **Ergebnissicherung**
   Erfassen und exaktes Beschreiben sämtlicher gemessener Werte oder beobachteter Reaktionen
   Ergebnisse quantitativer Messungen in Zahlenreihe, Tabelle, Schaubild oder als Diagramm darstellen
   Ergebnisse in knapper Zusammenfassung formulieren ohne Beurteilung oder Bewertung

5. **Diskussion**
   Auswerten und Deuten der ermittelten Befunde,
   Prüfen der Hypothese
   Sorgfältig durchgeführte Bewertung: Sind die Ergebnisse erwartungsgemäß?
   Interpretation der Ergebnisse unter Berücksichtigung der Fragestellung des Experiments oder der Beobachtung
   Ergebnisse mit Hilfe des theoretischen Hintergrundwissens besprechen
   Beurteilen des Wertes und der Grenzen der experimentell gewonnenen Erkenntnisse

Weitere Aspekte im Diskussionsteil können gegebenenfalls sein:
   Mögliche Fehler(quellen) oder Abweichungen erörtern
   Vorschläge zur Veränderung/Verbesserung der Versuchsdurchführung
   Weiterführende Fragestellungen ableiten

Hinweise für die sprachliche Darstellung
   Protokollieren Sie nach der zeitlichen Abfolge der Ereignisse.
   Wählen Sie die Zeitform Präsens.
   Formulieren Sie präzise und sachlich.
   Veranschaulichen Sie gegebenenfalls die Beschreibung durch Skizzen.
   Verwenden Sie unpersönliche Sprachformen.

---

8 Diagramme lesen: Visuelle Informationen

Ziele und Überblick

- Rezeption: gegebene Diagramme beschreiben, auswerten und deuten
- Produktion: Diagramme nach vorgefundenem Zahlenmaterial erstellen

A Einführung
B Rezeption von Diagrammen
C Bilddiktat
D Übung: Produktion von Diagrammen

Kontext

Überall werden heute Informationen in Medien visuell aufbereitet. Auch deshalb ist es bedeutsam, Strategien der Rezeption von Bildmaterial zu beherrschen. Weil Bildinformationen auf einen Blick erfassbar sind, scheint oft ein flüchtiger Blick zu genügen. Auch Schüler der Sekundarstufe II neigen noch dazu, Bildmaterial eher oberflächlich zu lesen, statt dies differenziert zu erfassen. Der erste Teil dieses Bausteins trainiert die Methode der sorgfältigen Diagrammrezeption. Ein zweiter Schwerpunkt liegt in der Produktion von Diagrammen. Neben der rezeptiven Anforderung gilt es, im Unterricht zur Methodenkompetenz auch die produktive zu schulen, indem numerische Daten in verständliche und aussagekräftige grafische Darstellungen übersetzt werden. Diese Fähigkeit wird in verschiedenen unterrichtlichen Zusammenhängen gefordert. Das selbstständige Anfertigen, Beschreiben und kritische Interpretieren von Schaubildern ist eine wichtige Fähigkeit, unter anderem für den Unterricht in Naturwissenschaften und Gesellschaftswissenschaften. Bilder haben in wissenschaftlichen Arbeiten textergänzende Funktion. Der geschriebene Text kann durch geeignetes Bildmaterial bereichert werden, wie es auch in vielen Facharbeiten praktiziert wird.

Medien

Thema	Anlage	Titel	Form / Material
B	1	Rezeption: Diagramme beschreiben und interpretieren	Kopie je Schüler
C		Bilddiktat	vorbereitete Auswahl an Diagrammen, unliniertes Papier, Lineal und Bleistift
D	2	Produktion: Diagramme entwerfen und zeichnen	Kopie je Schüler

Themenfolge

A   Einführung

Vorbereitend erläutert der Lehrer das Thema und bittet die Schüler, aus verschiedenen Medien Schaubilder mitzubringen. Dies können Diagramme aus dem Internet, aus Zeitungen oder Zeitschriften, aus Fachbüchern oder Unterrichtswerken sein. Alternativ hält der Lehrer eine Sammlung geeigneter Diagramme, zum Beispiel aus seinem Fachunterricht, bereit. Der Lehrer wählt unterschiedliche Diagrammtypen für das Bilddiktat aus.

B   Rezeption von Diagrammen

Die Schüler erhalten eine Kopie der Checkliste zur Rezeption von Diagrammen (Anlage 1) und rekapitulieren die Methode im Plenum. Mögliche fachspezifische Abweichungen können hier thematisiert und berücksichtigt werden.

C   Bilddiktat

Die Schülergruppe wird für die folgende Übung in zwei gleich große Gruppen aufgeteilt. Die Gruppen werden mit „Bild" oder „Wort" bezeichnet.

Beide Gruppen werden **unabhängig voneinander** für die folgende Übung instruiert:

„Wort"-Gruppe: „Sie erhalten gleich ein Schaubild, das Ihr Partner nicht kennt und nicht sehen wird. Sie haben die Aufgabe, Ihrem „Bild"-Partner ein Diagramm exakt zu diktieren, das er währenddessen zeichnet. Ziel ist, dass die Wiedergabe möglichst genau der Vorlage entspricht. Es ist nicht erlaubt, verbale oder gestische Hinweise zu geben. Allein Ihre strukturierte, differenzierte und sorgfältige Beschreibung ist Anhaltspunkt für den Zeichner."

„Bild"-Gruppe: „Sie haben die Aufgabe, ein Schaubild nach Diktat exakt zu zeichnen. Beachten Sie alle Details. Sie werden das Diagramm nicht sehen und keine weiteren Hinweise erhalten. Dafür benötigen Sie an Material unlinertes Papier, ein Lineal und einen Bleistift."

Je ein Schüler der „Wort"-Gruppe setzt sich einem Schüler der „Bild"-Gruppe gegenüber. Der Schüler der „Wort"-Gruppe erhält ein ausgewähltes Diagramm. Beide erfüllen nun ihre Aufträge. Der Diktierende darf die Entstehung der Zeichnung verfolgen, aber nicht korrigierend eingreifen. Wenn diese Phase des Bilddiktats abgeschlossen ist, werden beide Diagramme auf den Grad der Übereinstimmung verglichen. Diese Übung macht deutlich, dass erst dann eine genaue Vorstellung entwickelt wird, wenn das Gesehene exakt und differenziert verbalisiert sowie strukturiert dargestellt wurde.

In der Auswertungsphase im Plenum werden folgende Fragen diskutiert:

- Welchen Anteil an dem Ergebnis hat der Schüler, der diktiert, welchen der, der zeichnet?
- Worin lagen besondere sprachliche Schwierigkeiten?
- Welche Probleme in der zeichnerischen Umsetzung sind aufgetreten?
- Wurden Fachbegriffe richtig eingesetzt und verstanden?
- Welche Folgen können Sie aus dieser Übung für die Diagrammanalyse ableiten?

D   Übung: Produktion von Diagrammen

Im zweiten Schritt wird Datenmaterial aus dem Unterricht in Diagramme übersetzt. Dabei soll die methodische Struktur berücksichtigt werden, wie sie in Anlage 2 formuliert ist. Zu zweit erarbeiten die Schüler aussagekräftige Schaubilder. Die Auswertungsphase orientiert sich an der Checkliste.

Anschließend können Übungen angeschlossen werden, die sich methodisch mit der Integration von Bildern in wissenschaftliche Arbeiten beschäftigen. Etwa: nur Wesentliches abbilden, nur mit Textbezug Bilder integrieren, Angabe im Abbildungsverzeichnis, Legende, Beschriftung, Abbildungen durchnummerieren, kein wesentlicher Formatwechsel bei mehreren Bildern.

Variation

Anstelle von Diagrammen sind auch andere Bilder, zum Beispiel Fotografien und Zeichnungen für die Übung „Bilddiktat" geeignet, wenn das differenzierte anschauliche Beschreiben trainiert werden soll. Eine anspruchvolle Variante ist, wenn das Bild in einer Fremdsprache diktiert wird.

Querverweise:

Baustein 15: Informationen präsentieren
Baustein 17: Befunde dokumentieren
Baustein 25: Andere verstehen

Diagramme lesen Anlage 1

Diagramme beschreiben und interpretieren

1. Thema:
❑ Einleitender Satz bezieht sich auf die Fragestellung oder das Thema.

2. Bestandsaufnahme aller Informationen, die dem Diagramm zu entnehmen sind:
❑ Titel, Quelle, Veröffentlichungsjahr und -ort, Art der Darstellung, Adressaten-bezug
❑ Parameter, Maßeinheiten mit Bezug zu den Koordinaten.
Bezeichnung der y-Achse (Ordinate) und der x-Achse (Abszisse)

3. Beschreibung der gebotenen Informationen:
❑ **Beschreibung des Kurvenverlaufs**, der Säulen- oder der Flächenverteilung.
❑ Ist eine Kurve gegeben, die Kurve in markante **Bereiche untergliedern** und Kurvenabschnitte benennen (linearer Bereich, Maximum, Sättigungsbereich) oder Maximalwerte, Minimalwerte, Durchschnittswerte, Abweichungen oder Anfang, Steigung, Asymptote oder Symmetrieverhältnisse, Periodizität und so weiter
❑ **Verlauf der Entwicklung** differenziert betrachten und verbalisieren. Hauptaussagen knapp bündeln
❑ **Vergleich** von Einzelwerten: Gemeinsamkeiten und Unterschiede benennen (Größen, Maximum, Steigung, Versuchsobjekt)
❑ **Kurven klassifizieren** Sättigungskurve, Optimumkurve, Wachstumskurve, Häufigkeitsverteilung

4. Interpretation:
❑ Aus dem gegebenen Material wird eine Schlussfolgerung gezogen.
❑ Vorkenntnisse werden in die Darlegung der Aussage eingebunden.
❑ Ein verallgemeinertes Fazit schließt die Analyse ab.
❑ Zuverlässigkeit der Quellen prüfen.

5. Sprachliche Darstellung:
❑ exakt, übersichtliche Struktur, Achsen vollständig beschriften, markante Punkte und Abschnitte benennen
❑ Präsens. Wiedergabe von Vorgängen auch im Präteritum, bei Prognosen Futur, sachliche und informative Sprache und Darstellung
❑ Hinweis zur Struktur:
Trennen Sie konsequent die Beschreibung von der Interpretation.

Diagramme lesen   **Anlage 2**

Diagramme entwerfen und zeichnen

1. Klären der Aussageabsicht und Prüfung des Datenmaterials
❏ Fragestellung klar formuliert?
❏ Datenmaterial auf Aussagefähigkeit hin gesichtet?
❏ Datenmaterial auf wesentliche Informationen reduziert?
❏ Gegebenenfalls Material vervollständigt oder aktualisiert?

2. Auswahl des Diagrammtyps
❏ Auswahl des Diagrammtyps, der die Aussageabsicht prägnant
vermittelt?

3. Methode der Diagrammdarstellung
a) Entwurf:
❏ Diagramm vorskizziert?
❏ Achsen und Anordnung der Parameter treffend bestimmt?
❏ Diagramm präzise betitelt?
❏ Legende definiert?

b) Reinzeichnung:
❏ Skizze in eine sorgfältig gezeichnete oder eine computerunterstützte
Darstellung übertragen?
❏ Achsen mit Lineal gezeichnet, Größen angegeben?
❏ Auf Maßeinheit und Skalen geachtet?
❏ Messpunkte als freihändig gezeichnete Linie verbunden?
❏ Kurvenabschnitte, die auf ungenaue Werte zurückgehen, gestrichelt
gezeichnet?
❏ Gezielter Farbeinsatz? Zwei Kurven in zwei verschiedenen Farben
koloriert?
❏ Abschließend geprüft, ob das Diagramm die Ergebnisse der Erhebung
transparent macht?

9 Kreativ denken: Lösungsstrategien

Ziele und Überblick

- Offenheit für ungewohnte Lösungsstrategien oder Denkwege anzielen
- zum schöpferischen Querdenken ermutigen
- Methoden für kreative Lösungsstrategien kennen

A Qualitätsmerkmale des kreativen Denkens
B Übung zur Kreativität
C Kreativitätsspiel

Kontext

Kreatives Querdenken ist als Schlüsselqualifikation erwünscht und wird in berufsbegleitenden Kursen trainiert. Eignungstests ermitteln gezielt die Fähigkeit, Probleme einfallsreich zu lösen. In der Schule wird Kreativität nicht nur in Aufgaben mit produktionsorientiertem Ansatz gefordert, wie zum Beispiel in den Fächern Deutsch oder Kunst. Auch alle anderen Fächer verlangen Problemlösungen mit ungewohnten Strategien.

Produktives oder divergentes Denken ist unter anderem abhängig von der intellektuellen Begabung, der Erfahrung, dem Wissen, der geistigen Flexibilität und der Motivation. Neugier und Staunen fördern schöpferische Prozesse ebenso wie packende Anforderungen oder eine angemessene Komplexität. Somit ist Kreativität immer Ergebnis einer Wechselwirkung von inneren und äußeren Faktoren. Nur wer sich ganz auf das jeweilige Thema einlässt, wird schöpferisch wirken. Dies ist in der Schule insbesondere bei Facharbeiten, so genannten Besonderen Lernleistungen oder Landes- und Bundeswettbewerben zu erwarten.

Die in diesem Baustein vorgestellten Übungen können nur ansatzweise Kreativität trainieren. Sie sollen aber kreative Denkprozesse und ihre Bedingungen aufdecken, Offenheit für ungewohnte Denkwege entwickeln und zum schöpferischen Denken ermutigen.

Medien

Thema	Anlage	Titel	Form / Material
A	1	Qualitätsmerkmale des kreativen Denkens	Folie
	2	Fünf Regeln für den Ideenfluss	Kopie je Schüler
B	3	Übung zur Kreativität	Kopie je Gruppe Moderationskarten
C	4	Spielanleitung	Kopie je Gruppe
	5	Aufgabensammlung	nur für den Spielleiter
	6 + 7	Spielmaterial	Spielmaterial und Ereigniskarten für jede Gruppe

Themenfolge

A   Qualitätsmerkmale des kreativen Denkens

Einführend wird nach den Erfahrungen der Schüler mit kreativen Anforderungen im Unterricht und in schriftlichen Arbeiten verschiedener Fächer gefragt. Es sollte ein weiter Begriff von Kreativität zugrunde gelegt werden: „Ein logischer Denker will mit ja oder nein, richtig oder falsch beurteilen. Ein kreativer aber will bewegen." (vgl. SIMON 1999, S. 144 f.) Anschließend werden die wesentlichen Qualitätsmerkmale des kreativen Denkens zusammengetragen (vgl. Anlage 1). Um die genannten drei Qualitätsstufen gezielt anstreben zu können, empfiehlt der Lehrer fünf Regeln für den Ideenfluss (Anlage 2). Die Schüler erhalten die Regeln für die anschließende Übung.

B   Übung zur Kreativität

Für die Übung werden heterogene Gruppen von fünf Mitgliedern gebildet. Jede Gruppe erhält eine Kopie der Anlage 3 und einen Stapel Moderationskarten. Die Aufgabe ist in die Phasen Übung und Auswertung unterteilt. Der Themenvorschlag lautet hier: „Was man alles während der Pause machen kann." Die Übung ist auf drei Minuten begrenzt. Der Lehrer stoppt die Zeit, das erhöht den Wettbewerbscharakter. Anschließend beurteilt die Gruppe ihre eigenen Lösungen, indem diese auf die drei Qualitätsmerkmale von

Kreativität (Anlage 1) bezogen werden. In die Tabelle tragen sie ihre Einschätzungen ein. Abschließend resümieren sie das Gesamtergebnis. Wenn alle Gruppen die Auswertung abgeschlossen haben, ist ein Austausch im Plenum darüber sinnvoll, mit welchen der fünf Regeln die Schüler die meisten Probleme hatten.

C Kreativitätsspiel

Mit dem vorgeschlagenen Spiel sollen die Schüler förderliche und hemmende Einflüsse auf kreative Prozesse kennen lernen. Dazu müssen sie nach der Instruktion in Anlage 4 für vorgegebene Probleme kreative Lösungen finden. Beispielhaft sind Aufgaben in der Anlage 5 aufgeführt. Die Lerngruppe wird in Kleingruppen von etwa fünf Mitspielern aufgeteilt, wobei jeweils ein Spielleiter zu bestimmen ist. Der Lehrer macht vorbereitend aus dem Spielmaterial (Anlage 6 und 7) Ereigniskarten für jede Kleingruppe. Solange Aufgaben oder Ereigniskarten zur Verfügung stehen, kann gespielt werden. Die Auswertung des Spiels erfolgt, indem die Schüler eigene Erfahrungen schildern, die zu den Ereigniskarten passen, und weitere Ereigniskarten selbst entwickeln.

Querverweis

Baustein 30: Konflikte bearbeiten

Kreativ denken

Anlage 2

Fünf Regeln für den Ideenfluss

Erkennen, verändern oder vermeiden Sie Standardideen. Feste Denkmuster hemmen Kreativität. Eine Erst-Idee entwickelt sich schnell zum Denkmuster. Damit wird die Erst-Idee häufig zur Sperr-Idee, weil die Zufriedenheit mit der ersten Lösung vom weiteren Denken abhält. Wichtig ist, dass die Hauptidee im Denkprozess erkannt und so lange an die Kette gelegt wird, bis weitere Einfälle entwickelt sind. Eine gute Idee soll durch eine bessere ersetzt werden.

1. Alle Ideen sind erwünscht und erlaubt!
Beachten Sie auch scheinbar unbedeutendes Wissen.

2. Möglichst viele Ideen produzieren!
Lassen Sie Ideen fließen.

3. Ideenansätze anderer nutzen!
Greifen Sie Ideen anderer auf, verfolgen Sie diese weiter, bauen Sie sie aus.
Kombinieren Sie die Ideen anderer mit Ihren eigenen zu einer neuen Idee.

4. Kritik ausschalten!
Kritisieren, beurteilen, bewerten oder gewichten Sie Ideen nicht!
Negieren Sie Negationen.

5. Unterschiede bei Gruppenarbeit nutzen!
Bilden Sie gezielt heterogene Gruppen, denn sie produzieren mehr und unterschiedliche Ideen.

Kreativ denken

Anlage 1

Qualitätsmerkmale des kreativen Denkens

Kategorie	Anforderung
Ideenfluss	Möglichst **viele** verschiedene Ideen, Assoziationen, Wörter, Skizzen bilden.
Flexibilität	Eine Vielzahl **verschiedener** Lösungen entwickeln.
Originalität	**Untypische** Einfälle und **ungewöhnliche** Ideen entwickeln.

 **Kreativ denken** **Anlage 3**

Übung zur Kreativität

A Übung

Entwickeln Sie mit den fünf Regeln für Kreativität in Ihrer Gruppe originelle Vorschläge zum Thema: „Was man alles während der Pause machen kann." Notieren Sie jede Idee auf einer Moderationskarte. Sie haben dafür genau drei Minuten Zeit.

B Auswertung

Beurteilen Sie die Lösungen in Ihrer Gruppe nach den Kriterien kreativen Denkens, indem Sie jede Idee den drei Kategorien zuordnen. Bewerten Sie in der Skala von +++ (hoch) bis - - - (niedrig). Tragen Sie pro Moderationskarte einen Punkt (·) in die folgende Übersicht ein. Bewerten Sie abschließend das Gesamtergebnis Ihrer Gruppenarbeit hinsichtlich ihres kreativen Potenzials.

Kriterien \ Qualität	+++	++	+	o	-	- -	- - -
Ideenfluss							
Flexibilität							
Originalität							

Kreativ denken   **Anlage 4**

Spielanleitung

Ziel des Spiels: Kreative Lösungen für vorgegebene Aufgaben finden
Anzahl der Spieler: 3 bis 5 Spieler und ein Spielleiter
Material: Sammlung von Aufgaben, Ereigniskarten (förderliche und
                          hemmende Einflüsse, gemischt)
                          Jeder Mitspieler benötigt Schreibzeug und ein Blatt
                          Schreibpapier.

Spielvorbereitung:
Der Spielleiter hat die Aufgaben in gemischter Reihenfolge und hält sie geheim.
Er mischt die Ereigniskarten und legt sie verdeckt vor sich hin. Er achtet auf die
Einhaltung der Spielregeln.

Spielverlauf:
Der Spielleiter wählt eine Aufgabe aus, die alle Mitspieler lösen, und entscheidet,
ob sie akzeptiert wird. Er entscheidet über die Zeit pro Aufgabe und bestimmt
reihum den Spieler, der seine Lösungen vorträgt.
Ist die Antwort im Sinne einer kreativen Lösung richtig oder mindestens zufrie-
den stellend gelöst, zieht der Spieler eine Ereigniskarte und liest diese laut vor.
Ist die Antwort falsch oder zu oberflächlich gelöst, kann ein weiterer Mitspieler
seine Lösung vortragen. Dann zieht dieser eine Ereigniskarte.
Die Themen der gemischten Ereigniskarten sind entweder auf einen förderlichen
Einfluss oder auf einen negativen Einfluss auf Kreativität bezogen.
Beinhaltet die Ereigniskarte einen förderlichen Einfluss, wird für alle Mitspieler eine neue Aufgabe gestellt: „neue Aufgabe".
Beinhaltet die Ereigniskarte einen negativen Einfluss, muss der Mitspieler, der
diese Karte vorliest, einmal aussetzen und darf nicht mitraten: „aussetzen".
Hat dieser Spieler jedoch eine plausible Lösungsstrategie, wie er dem Hinde-
rungsgrund, dem negativen Einfluss, begegnen würde, erhalten alle Mitspieler
eine neue Aufgabe. Das Spiel wird in dieser Weise fortgesetzt.
Ende des Spiels: Sind alle Ereigniskarten aufgedeckt beziehungsweise die Aufgaben gelöst, ist das Spiel beendet.

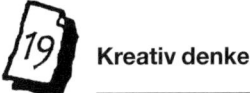

Kreativ denken Anlage 5

Aufgabensammlung

1. Ideenfluss

- Nennen Sie fünf Wege, bedrohte Tierarten zu schützen.
- Nennen Sie vier Möglichkeiten, für ein Theaterabonnement zu werben.
- Nennen Sie sechs Dinge, die man für eine gute Rede benötigt.
- Nennen Sie zehn Möglichkeiten, Sonnenenergie zu speichern.
- Nennen Sie neun Möglichkeiten, Geld zinsbringend anzulegen.
- Nennen Sie sieben mögliche Titel einer Schülerzeitung.

2. Flexibilität

- Erfinden Sie Alternativen für eine PC-Maus.
- Entwickeln Sie Alternativen zu einer Kreidetafel im Unterrichtsraum.
- Formulieren Sie Ideen für die äußere Gestaltung von Lautsprecherboxen.
- Notieren Sie Wörter, in denen „drei" vorkommt.
- Erfinden Sie neue Benutzungsideen für CD-Rohlinge.

3. Originalität

- Kreieren Sie eine neue Bezeichnung für das Handy.
- Entwickeln Sie eine Lösung für das Reinigen der Schultafel.
- Erfinden Sie eine neue Bezeichnung für einen Bleistift.
- Entwickeln Sie eine Werbeidee für das Fach Altgriechisch.
- Finden Sie eine Idee für folgendes Vorhaben: Für ein Jahrbuch der Schule soll jede Klasse in besonderer Weise porträtiert werden. Aber wie?
- Konzipieren Sie ein neues Unterrichtsfach für die Sekundarstufe II, indem Sie denkbare Inhalte auflisten.

 **Kreativ denken**   **Anlage 6**

Spielmaterial
Ereigniskarten ausschneiden und mischen.

Ereigniskarten (hemmende Einflüsse)

Sie haben Angst vor dem Präsentationstermin, weil Sie noch nicht die geeignete Lösung gefunden haben. Angst lähmt Ihre Gedanken: aussetzen.	Zeitdruck: Sie kommen in Hektik, Sie sind schon viel zu spät dran: deshalb aussetzen.
Die Aufgabe ist Ihnen zu schwer, Sie sind gestresst, reagieren lustlos und finden keinen Anstoß zu arbeiten: aussetzen.	Sie können sich nicht wirklich für die Aufgabe begeistern. Suchen Sie nach neuen Zielen. Solange aussetzen.
Ihnen macht die Vorstellung, dass Jury-Mitglieder Ihre Arbeit bewerten, enormen emotionalen Druck. Sie sind blockiert und finden keinen Ausweg: aussetzen.	Ihr Anspruch an sich selbst ist gigantisch hoch. Sie sind mit allen Lösungsansätzen unzufrieden und zweifeln an sich selbst. Frustration: aussetzen.
Jede Möglichkeit zur Ablenkung nehmen Sie wahr. Sie lassen sich nicht konzentriert auf das Problems ein. Unkonzentriertheit und Vermeidungsverhalten: aussetzen.	Erste Lösungsansätze werden von Ihnen mit Phrasen gekillt. Kein Wunder, dass Sie so nicht weiterkommen: aussetzen.
Das Problem wird von Ihnen nach allen bekannten Regeln gelöst. Prinzipien zwängen Sie aber dabei in ein geistiges Korsett. Brav, aber nicht schöpferisch: aussetzen.	Sie haben eine erste Idee. Damit begnügen Sie sich. „Erstidee gleich Sperridee": aussetzen.

Kreativ denken   Anlage 7

Ereigniskarten (förderliche Einflüsse)

Zufällig entdecken Sie etwas, das Ihnen einen Impuls gibt. Das motiviert Sie. Engagiert gehen Sie an die Problemlösung heran. Neue Aufgabe!	Sie akzeptieren Fehler, denn: Wer Fehler vermeiden will, kann keine neuen Ideen produzieren und kann deshalb nicht schöpferisch sein. Neue Aufgabe!
In Ihrer Umgebung fühlen Sie sich wohl. Ihr Arbeitsraum ist funktional eingerichtet und auf Ihre Bedürfnisse zugeschnitten. Neue Aufgabe!	Sie sind geistig entspannt. Sie wissen, wann und wo Sie auf Ideen kommen oder wann Sie offen sind für Intuition: beim Joggen, bei der Gartenarbeit, beim Einkaufen, beim Aufwachen, bei Bewegung. Neue Aufgabe!
Sie widmen sich intensiv dem Problem. Nur so werden Sie wirklich kreative Lösungen erzielen. Neue Aufgabe!	Sie haben eine positive Grundhaltung und vertrauen auf Ihr schöpferisches Können. Neue Aufgabe!
Sie gehen das Lösen des Problems locker an und können auch mal über sich lachen. Sie entwaffnen damit Ihren inneren Zensor. Neue Aufgabe!	Sie staunen, sind interessiert und begeisterungsfähig. Neue Aufgabe!
Sie sind organisiert und behalten den Überblick. Das macht den Kopf frei für neue Ideen. Neue Aufgabe!	

20 Themen zuschneiden: Fragestellungen

Ziele und Überblick

- ein Thema aus der individuellen Interessenperspektive in seinen verschiedenen Dimensionen erschließen
- einem Thema fest umrissene Schwerpunkte zuordnen und Teilaspekte bewusst aus der Bearbeitung ausschließen
- ein Thema verdichten oder konkretisieren

A Entfalten eines Themas
B Eingrenzen eines Themas

Kontext

Ob es sich um Kurzreferate, längere schriftliche Hausarbeiten oder Facharbeiten handelt: Bevor Schüler mit dem Schreiben beginnen können, müssen sie das genaue Thema der Arbeit erst noch erschließen. Das verlangt, selbstständig, kreativ und strukturierend zu arbeiten und den Blick für das Wesentliche zu entwickeln. Oft ist das für Schüler schwieriger, als den rein fachlichen Stoff der Arbeit zu bewältigen. Deshalb muss Unterricht in Lernkompetenz sich um die Entwicklung der hier verlangten komplexen methodischen Fähigkeiten bemühen. Themen zuzuschneiden, macht zwei Arbeitsschritte – Entfalten und Eingrenzen – nötig, die sich je nach Themenstellung und Unterrichtsfach in ihrem Schwerpunkt unterscheiden, sich aber immer wechselseitig ergänzen.

Folgende Fragen sollte man sich eingangs stellen, damit der Lern- und Arbeitsprozess produktiv bleibt:

- Was finde ich an dem Thema interessant?
- Welche Fragen stellen sich mir, wenn ich das Thema höre?
- Was weiß ich schon über das Thema und was will ich herausarbeiten?

Das eigene Interesse in den Mittelpunkt zu rücken, ist nicht nur bei größeren Arbeiten wichtig. Eine solche Lernhaltung ist für jede Unterrichtsstunde hilfreich und das Gegenteil der Absicht, einen gesetzten Themenrahmen nur auszufüllen und der Erwartungshaltung des Lehrers zu entsprechen. Insofern geht es bei diesem Methodenbaustein notwendigerweise auch um Selbstkompetenz: Ich habe als Schreibender das Selbstbewusstsein, meine subjektiven Fragen und Forschungsinteressen als Ausgangspunkt in die wissenschaftliche Arbeit einzubringen. Dass dieses Vorgehen motivierend ist, muss nicht eigens erwähnt werden. Es zielt darauf, ein gegebenes Thema breiter zu entfalten. Die Schüler müssen die Facetten aktiv suchen, die in der Aufgabe stecken (können). Ideen und Fragen zum Thema sind zu sammeln. Das Thema expandiert bei diesem Zugriff immer weiter. Eine interessante Frage ergibt die nächste. Jede Auswertung von Sekundärliteratur macht auf neue Teilthemen und weitere Fragestellungen aufmerksam, die im Thema gewissermaßen verdeckt angelegt sind. Natürlich ist das nicht nur eine Chance, sondern auch eine Gefahr für zielgerichtetes Arbeiten. Die Themenentfaltung ist jedoch ein wichtiger Schritt, um die Möglichkeiten, die in einer Aufgabenstellung stecken, zu entdecken.

Die eben genannte Themen entfaltende Methode korrespondiert mit ihrem Gegenteil: ein Thema einzugrenzen. Vor lauter Bäumen den Wald nicht mehr zu sehen, wäre zweifelsohne demotivierend. Man vermeidet das Anfangen in so einer Situation lieber, oder man reißt viele Aspekte nur unzureichend an, oder man findet keinen Abschluss. Themenbreite ist für Schüler auf den ersten Blick verführerisch. Sie halten sich alle Türen offen, müssen schon gefundene Literatur nicht wieder beiseite legen, sich nicht entscheiden. Grenzen abstecken zu können ist eine Methodenkompetenz, die geschult werden muss, weil sie in jeder schriftlichen Arbeit – auch in Klausuren – verlangt wird. Indem ich der Frage nachgehe: „Worauf gehe ich bewusst **nicht** ein?", richte ich meinen Blick auf das, was für mich in dieser Arbeit unter den gegebenen Umständen von Ort und Zeit wesentlich ist.

Medien

Thema	Anlage	Titel	Form / Material
B	1	Eingrenzen eines Themas	Kopie je Schüler, Tafelanschrieb oder Folie/ einige Leerfolien für ausgewählte Schülerergebnisse
	2	Beispiel für einen Thementrichter	Folie

Themenfolge

A   Entfalten eines Themas

Die Schüler werden die Mind-Map-Technik als eine Möglichkeit kennen, ausgehend von einem Thema Zusammenhänge zu veranschaulichen. Die konkrete Umsetzung erfolgt in der Form, dass sich die Lerngruppe auf ein Beispielthema einigt, das von jedem Schüler in Einzelarbeit entfaltet wird, ohne dass vorher in der Lerngruppe darüber gesprochen wurde. Es gibt eine Reihe von Themen, die infrage kommen, weil die Schüler unterschiedliche Sichtweisen mitbringen und das Thema eine Vielzahl von Aspekten für sie hat. Vorgeschlagen seien hier: „Studieren im Ausland", „Freiwilligendienste für Jugendliche", „Mediendemokratie", „Medizinischer Fortschritt". Diese Themen können zum Beispiel unter kulturellem, politischem, sozialem, wissenschaftlichem, ethischem, ökonomischem oder historischem Aspekt betrachtet werden. Darüber hinaus gibt es aber noch weitere Themen, die sich ebenso eignen und von der Kursgruppe selbst vorgeschlagen werden können.

Die Auswertung sollte in zwei Richtungen gehen: Zum einen dürfen die inhaltlichen Fragen und Interessen, die zum Ausdruck kommen, nicht einfach übergangen werden. Themen sind nie nur Material für Methodenschulung. Obwohl eine ausführliche Thematisierung aller Teilaspekte unmöglich und nicht sinnvoll ist, sollte doch mit den Schülern überlegt werden, in welchem Rahmen man im Unterricht einzelner Fächer auf das eine oder andere für sie wichtige Thema zu sprechen kommen kann. Zum anderen ist unter methodischem Gesichtspunkt nachzuvollziehen, wie die individuellen Erfahrungen und Interessen Eingang gefunden haben in die skizzierte Themenlandschaft. Das geschieht durch einen Vergleich der Mind-Maps in Partnerarbeit. Je detaillierter und umfangreicher diese geraten sind, desto deutlicher wird die Schwierigkeit ins Auge fallen: Das kann man unmöglich alles bearbeiten. Hier setzt der zweite Schwerpunkt dieses Bausteins an:

B   Eingrenzen eines Themas

Den Ausgangspunkt bilden „unbearbeitbare" – weil noch nicht eingegrenzte – Rahmenthemen als Vorgabe, wie: „Sprache der Werbung" oder „Moderner Jazz" oder „Mathematik des Bausparens" oder „Auswirkung von Streusalz auf das Pflanzenwachstum". Der nächste Schritt ist das Sammeln von Möglichkeiten der Eingrenzung solcher Themen (vgl. FRANCK 1999, S. 58 ff.). Das kann als Sammlung an der Tafel geschehen, die mit den Hinweisen vom Arbeitsblatt (Anlage 1) ergänzt wird, oder dieses Material wird sogleich als Information gegeben.

Die anschließende Aufgabe ist in Einzelarbeit auszuführen. Jeder Schüler wählt ein Themengebiet aus einem Unterrichtsfach aus, das konkretisiert wird. Das Beispiel auf Folie (Anlage 2) kann eine Anregung für die inhaltliche und grafische Gestaltung sein. Wenn einige Schüler ihre individuellen „Thementrichter" ebenfalls auf Folie zeichnen, können die Lösungsbeispiele im Plenum vorgestellt, eingeschätzt und gegebenenfalls ergänzt werden. Die Auswertungsfrage geht in die Richtung: „Welche Aspekte des Themas werden durch diese bewusste Engführung im Trichter ausgeschlossen?" Die Antworten werden an der Tafel gesammelt. Aus ihnen können probeweise wieder andere Themen generiert werden. Deutlich werden soll, dass jede Wahl eines Themenaspekts notwendigerweise immer zugleich die Abwahl eines nicht grundsätzlich unwichtigen anderen Aspekts einschließt. Der Lehrer kann in diesem Zusammenhang auf einen unmittelbaren Vorteil der Themeneingrenzung hinweisen: Es fällt leichter, sich auf wenige wichtige Literatur zu konzentrieren.

Querverweise

Baustein 16: Gut referieren
Baustein 21: Quellen auswählen
Baustein 23: Richtig zitieren

Themen zuschneiden   **Anlage 1**

Eingrenzen eines Themas

Wenn man als Schüler ein Thema zu bearbeiten hat, stellt sich immer die
Frage: „Wie kann ich Grenzen abstecken, damit ich mich nicht im unüber-
sichtlichen Gelände verirre?"
Um ein Thema nicht ausufern zu lassen, prüft man verschiedene Varianten,
es einzugrenzen.

Eingrenzungsmöglichkeiten:

❏ **der Zeitraum, der eine Rolle spielen soll:**
   nach dem 2. Weltkrieg, im Mittelalter, seit 1990, von – bis

❏ **der geografische Raum, der untersucht wird:**
   in Deutschland, in der Stadt X, an der Pazifikküste

❏ **die Personen/Vertreter einer Auffassung:**
   nach der Theorie von Charles Darwin, bei Shakespeare,
   im Werk von Louis Armstrong

❏ **die betroffenen Teil-Gruppen:**
   für Jugendliche, im Blick auf die Migranten, bei den Seefischen

❏ **die relevanten Institutionen:**
   im Theater, in Sozialeinrichtungen, an Universitäten, an der Börse

❏ **der methodische Zugriff:**
   in Interviews, im Experiment, bei einer statistischen Erhebung,
   als Literaturrecherche

❏ **die Materialien und Quellen:**
   in den Printmedien, im Film, in Lehrbüchern, in Hörfunkbeiträgen

❏ **der wissenschaftliche Teilaspekt:**
   aus medizinischer, ethischer, gesellschaftspolitischer,
   philosophischer Sicht

Grenzen Sie ein Thema Ihrer Wahl aus einem Ihrer derzeitigen Unterrichts-
schwerpunkte sinnvoll ein. Kombinieren Sie mehrere Eingrenzungsmöglichkeiten miteinander.

 **Themen zuschneiden** **Anlage 2**

Beispiel für einen Thementrichter:

„Die Reformpädagogik

aus unterrichtsmetho-
discher Sicht

in Deutschland

von 1919 bis 1932

in Waldorfschulen

in den Schriften

Rudolf Steiners"

21 Quellen auswählen: Gezielt recherchieren

Ziele und Überblick

- Chancen und Grenzen verschiedener Informationsquellen einschätzen
- fachspezifische Informationsquellen begründet auswählen

A   Übersicht über Informationsquellen
B   Beurteilen der Informationsquellen
C   Fachspezifische Konkretisierung

Kontext

Viele Schüler neigen dazu, unter Recherchieren zunächst und in erster Linie die Suche im Internet zu verstehen. Kaum ist ein Thema im Unterricht genannt, werden Suchmaschinen aktiviert und gezielt oder unsystematisch zahlreiche Begriffe eingegeben. Die Enttäuschung folgt auf dem Fuße: Die Flut an Einträgen wirkt erschlagend. Diese Situation kann man ein wenig verbessern, wenn man die Schüler befähigt, die Stichwortsuche mit Suchmaschinen und anderen Suchhilfen technisch richtig und logisch stringent durchzuführen. Darauf soll aber in diesem Baustein nicht das Schwergewicht gelegt werden, weil es dazu schon zahlreiche Veröffentlichungen zum Beispiel rund um die Facharbeiten gibt und weil die Grundprobleme damit nicht gelöst sind: Überfülle, Unübersichtlichkeit, fehlende Verlässlichkeit der Information. Es scheint gegenwärtig in der Schule wichtiger, auf die Informationsmöglichkeiten außerhalb des Internets aufmerksam zu machen als die Internetnutzung auf diesem Gebiet zu perfektionieren. Deshalb soll der Blick auf Alternativen zum Internet gelenkt und untersucht werden, für welche Informationszwecke welche Quelle viel versprechend ist. Für viele Formen und Mittel der Recherche sind dieselben Techniken nötig wie für die klassische Literatursuche in Bibliotheken. Eine Einführung etwa in Alphabetische und Systematische Katalogisierung sollte für alle Schüler schon am Ende der Sekundarstufe I verpflichtend sein. Sie wird von Fachpersonal im

Rahmen von Bibliotheksführungen in nahe gelegenen Institutionen vor Ort durchgeführt. Wo dies nicht möglich erscheint, bietet sich eine Einführung in die Schulbibliothek an. Aus jedem Fachunterricht können leicht Aufgaben formuliert werden, anhand derer die Schüler den Umgang mit Bibliothekskatalogen unter Anleitung des Lehrers üben können. Anleitung für fachspezifische Formen der Recherche in der Oberstufe, wie zum Beispiel für die gesellschaftswissenschaftlichen Fächer der Umgang mit Archiven und Quellensammlungen, bieten inzwischen eine Vielzahl von Unterrichtswerken. Auf die in zahlreichen Fächern anzuwendenden Befragungen von Experten geht Baustein 22 ausführlicher ein. Der Unterricht zum Thema „Quellen auswählen" will nicht in die Techniken einzelner Formen der Recherche einführen, sondern dient dazu, mit den Schülern auf einer Metaebene die Chancen und Grenzen der verschiedenen Recherchemedien einzuschätzen (vgl. auch KOLOSSA 2000) und deren Anwendungsmöglichkeiten fachspezifisch zu konkretisieren.

Medien

Thema	Anlage	Titel	Form
A	1	Informationsquellen	Kopie je Schüler
B	2	Qualitätskriterien für Informationen	Kopie je Schüler

Themenfolge

A Übersicht über Quellen

Anlage 1 macht das Spektrum an Informationsquellen deutlich, das Oberstufenschülern in der Regel zur Verfügung steht. Es hängt in hohem Maße von der Art der Aufgabe und den jeweiligen Bedingungen vor Ort ab, welche Quelle geeignet erscheint. Deshalb ist hier nicht eine Folge von Schritten vorgestellt, die nacheinander abzuarbeiten wäre, sondern die Aufgabe wird gewissermaßen in einem Netz der Recherche-Möglichkeiten aufgefangen. Eine erste Annäherung kann darin bestehen, dass geprüft wird, inwieweit die Schüler mit den einzelnen genannten Quellen konkret etwas verbinden. Dazu bringen sie Namen und Titel der einzelnen Recherchemedien mit Themen aus ihren Unterrichtsfächern in Verbindung und ergänzen das Schaubild.

B   Beurteilen der Quellen

Schüler der Oberstufe sollen Informationen für Referate und Facharbeiten nur dann verwenden, wenn die Information drei Qualitätskriterien genügt: sie soll für den Sachverhalt bedeutsam, zuverlässig und nachprüfbar sein. Die Relevanz dieser Kriterien veranschaulichen die Schüler beispielhaft an einem Referatthema, das in der Anlage 2 genannt oder vom Lehrer aus dem Unterrichtszusammenhang formuliert wird. Im nächsten Schritt sollen die verschiedenen Informationsquellen hinsichtlich ihrer Leistungsfähigkeit untersucht werden, indem den Chancen und Vorzügen einer Quellenart die Grenzen und Nachteile gegenübergestellt werden. Das geschieht in einem Rollenspiel. Jede Quelle hat einen „Vertreter", der für sie wirbt und ihre Vorzüge schildert, und einen „Bedenkenträger", der die Grenzen und Schwächen im unterrichtlichen Zusammenhang benennt. Nach einer kurzen Vorbereitungszeit treten beide für einen etwa dreiminütigen Disput gegeneinander an.

C   Fachspezifische Konkretisierung

Die Schüler entscheiden sich für ein Unterrichtsfach und ein Thema, und recherchieren, welche konkreten Informationsmöglichkeiten es für die in der Übersicht (Anlage 1) genannten Quellenarten in ihrem schulischen und privaten Umfeld gibt. Die Auswertung besteht darin, dass jeder eine fachspezifische Liste über die gefundenen Informationsquellen veröffentlicht mit Namen, Titeln, Standorten, gegebenenfalls Öffnungszeiten und Ähnlichem, geordnet nach den Quellenarten (vgl. dazu auch die Hinweise in Baustein 23, Anlage 3). Diese Liste kann in der Schule ausgehängt oder auf andere Weise weiteren Schülern zugänglich gemacht werden.

Querverweise

Baustein 10: Sachtexte erschließen
Baustein 20: Themen zuschneiden
Baustein 23: Richtig zitieren

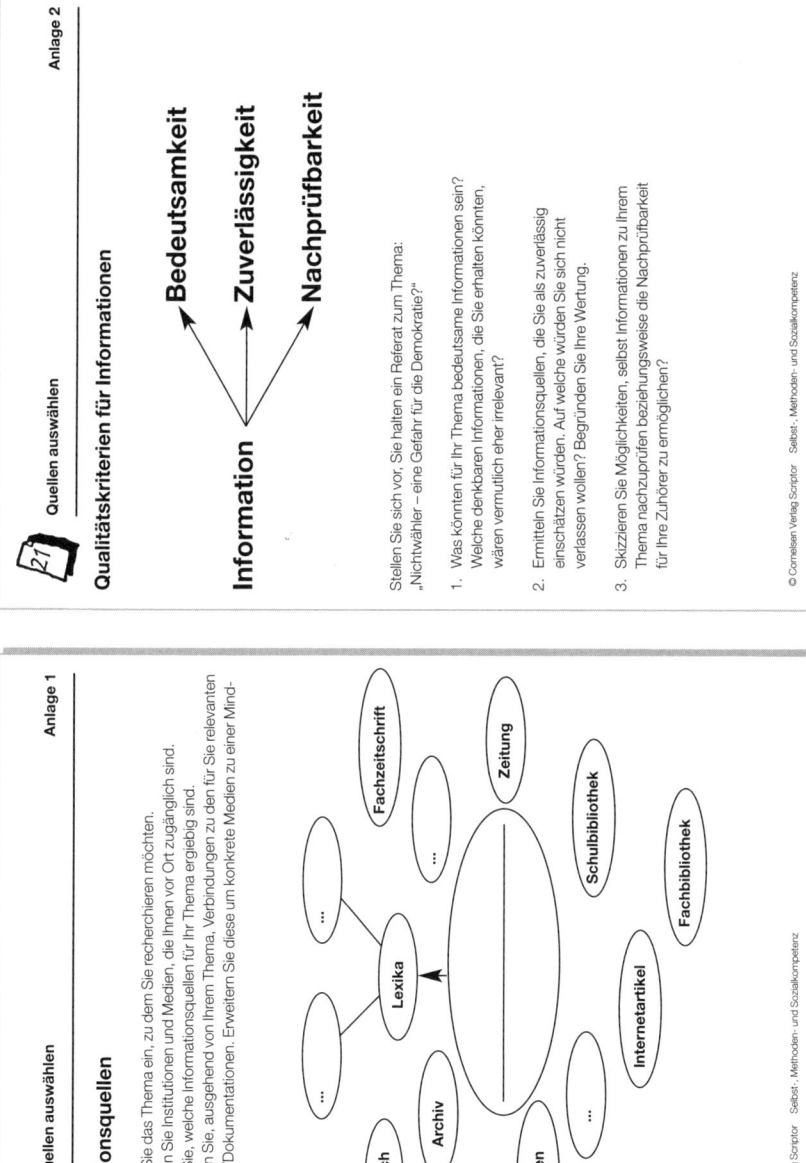

21 Quellen auswählen   Anlage 1

Informationsquellen

1. Tragen Sie das Thema ein, zu dem Sie recherchieren möchten.
2. Ergänzen Sie Institutionen und Medien, die Ihnen vor Ort zugänglich sind.
3. a) Prüfen Sie, welche Informationsquellen für Ihr Thema ergiebig sind.
   b) Zeichnen Sie, ausgehend von Ihrem Thema, Verbindungen zu den für Sie relevanten Quellen/Dokumentationen. Erweitern Sie diese um konkrete Medien zu einer Mind-Map.

- Schulbuch
- Archiv
- Zeitzeugen
- ...
- Lexika
- ...
- Internetartikel
- Fachbibliothek
- Schulbibliothek
- Zeitung
- ...
- Fachzeitschrift
- ...

21 Quellen auswählen   Anlage 2

Qualitätskriterien für Informationen

Information → **Bedeutsamkeit**

→ **Zuverlässigkeit**

→ **Nachprüfbarkeit**

Stellen Sie sich vor, Sie halten ein Referat zum Thema: „Nichtwähler – eine Gefahr für die Demokratie?"

1. Was könnten für Ihr Thema bedeutsame Informationen sein? Welche denkbaren Informationen, die Sie erhalten könnten, wären vermutlich eher irrelevant?

2. Ermitteln Sie Informationsquellen, die Sie als zuverlässig einschätzen würden. Auf welche würden Sie sich nicht verlassen wollen? Begründen Sie Ihre Wertung.

3. Skizzieren Sie Möglichkeiten, selbst Informationen zu Ihrem Thema nachzuprüfen beziehungsweise die Nachprüfbarkeit für Ihre Zuhörer zu ermöglichen?

22 Interview führen: Befragungen

Ziele und Überblick

- Inhalte, Wertungen und Interessen von Interviews analysieren
- grundlegende Interviewtechniken kennen

A Interviewanalyse
B Interviewtechniken

Kontext

Interviews in Printmedien, im Radio und Fernsehen gehören zur Alltagserfahrung von Schülern. In unterschiedlichen Formen sind sie auch verbreitetes Material in vielen Unterrichtsfächern, vor allem als verschriftlichte Aussagen von Wissenschaftlern und Autoren. Schüler der Oberstufe müssen Methoden beherrschen, solche so genannten qualitativen Interviews mit ihren offenen Fragen und narrativen Antworten nicht nur auf ihren Informationsgehalt hin zu analysieren, sondern auch die Interessen und Wertungen zu erkennen, die in den Fragen und Antworten stecken. Die wohl häufigste Form, in der Schüler der Sekundarstufe II selbst aktiv Interviews durchführen, ist das Experteninterview. Viele Facharbeitsthemen legen zur Recherche die Befragung eines Spezialisten oder Betroffenen nahe. Experten können auch im Rahmen von Themen des Fachunterrichts in die Schule eingeladen werden. Auch diese Gespräche sind sorgfältig vorzubereiten und zu strukturieren, unterschiedliche Rollen und thematische Zuständigkeiten müssen für das Gespräch innerhalb einer Gruppe verteilt werden. Da es sich bei Interviews um eine besondere Form von Kommunikation handelt, die zumeist mit schulfremden Personen erfolgt, muss neben der fachlich präzisen Vorbereitung auch die kommunikationstechnische Ebene des Interviews geübt werden. Darauf gehen auch andere Bausteine dieses Buches ein, sodass zum Beispiel Rückbezüge zum mündlichen Vortrag (Baustein 16) oder zu Gesprächsregeln (Baustein 25) möglich sind.

Medien

Thema	Anlage	Titel	Form
A	1	Informationen zum Autor und Forschungsgebiet	Lehrermaterial
	2 a–d	Interview mit Prof. G. Roth	Kopie je Schüler
	3	Aspekte einer Interviewanalyse	Folie
B	4	Übung zu Fragetechniken	Kopie je Schüler
	5	Checkliste für Experteninterviews	Kopie je Schüler

Themenfolge

A   Interviewanalyse

Als Materialgrundlage kann ein qualitatives Interview aus den Printmedien oder aus dem Fernsehen beziehungsweise Radio gewählt werden. Im zweiten Fall kommen zur auswertenden Textanalyse noch die parasprachlichen Kommunikationsmittel hinzu. Das Thema kann sich unmittelbar aus dem Fachunterricht ergeben oder auch aus der aktuellen politischen Diskussion. Geeignete Materialien finden sich in vielen Lehrbüchern, den politischen Wochenmagazinen und -zeitungen oder auch in Fachzeitschriften. Diesem Baustein liegt als Übungsmaterial ein Interview zum Konstruktivismus zugrunde (PÖRKSEN 2002, S. 139 ff.). Die angesprochenen Inhalte sind für eine Reihe von Fächern relevant, weil sowohl sprachlich-geisteswissenschaftliche als auch naturwissenschaftliche und gesellschaftswissenschaftliche Bezüge hergestellt werden, die Schüler auch auf ihre Weltbilder beziehen können.

Zum Einstieg informiert der Lehrer über die Person des Interviewten, Gerhard Roth, und über die grundlegenden Fragestellungen, um die es bei der Konstruktivismus-Debatte geht (Anlage 1). Dann lesen die Schüler den Interviewauszug (Anlage 2 a–d) in Einzelarbeit und reflektieren, welche Analyseschritte methodisch bei diesem Interview sinnvoll und notwendig sind. Zentrale Untersuchungsaspekte werden auf Folie festgehalten (vgl. HAUBRICH 2001, S. 112 ff.). Ein mögliches Ergebnis enthält Anlage 3. Die

Schüler wenden dann in einer Phase der intensiven Textarbeit diese methodische Struktur auf das Roth-Interview an und tauschen sich im Plenumsgespräch über ihre Ergebnisse der Interviewanalyse aus. Abschließend sollte überlegt werden, zu welchen Unterrichtsthemen das Interview inhaltlichfachlich Bezüge herstellt und in welchem Fachunterricht die angeschnittenen Fragen weiter verfolgt werden sollen. Es schließt sich eine Übung an, die diesen Schritt vorbereitet und auf schon gelernte Methoden zurückgreift: Die Schüler betreiben selbstständig eine Literaturrecherche zum Thema „Konstruktivismus" und erstellen ein Literaturverzeichnis (vgl. Baustein 23), das am Ende an alle Schüler zur vertiefenden Beschäftigung ausgegeben wird.

B   Interviewtechniken

Wer ein Experteninterview führen will, muss sich selbstverständlich zunächst vor allem inhaltlich sachkundig machen. Während dies den Schülern meist durchaus bewusst ist und im Fachunterricht sichergestellt wird, werden die kommunikativen Aspekte von Gesprächen mit Experten eher vernachlässigt (vgl. BÖCKER 2001), was schwerwiegende Folgen für den Ablauf und fachlichen Gehalt derartiger Interviews haben kann. Einige praktische Übungen ergänzen die fachliche Vorbereitung:

1. Übung zur Fragetechnik
Die Schüler formulieren in Partnerarbeit Beispiele für die unterschiedlichen Fragetechniken (Anlage 4). Wichtig ist die Unterscheidung von offenen und geschlossenen Fragen, von Meinungs- und Faktenfragen sowie die Vermeidung von Suggestivfragen.

2. Übung zur Gesprächseröffnung und -beendigung
Es werden spielerisch Interview-Einstiege und -Beendigungen simuliert. Angenommene Kommunikationssituationen können zum Beispiel sein: Interview mit einem Lokalpolitiker, mit dem Personalchef eines Betriebs, mit einem Mitarbeiter einer Sozialeinrichtung, mit einem wissenschaftlich Tätigen, mit einem Zeitzeugen. Weitere Situationen können von den Schülern vorgegeben werden. Reflektiert werden die kommunikativen Mittel und Strategien, die bei Experteninterviews angezeigt erscheinen.

3. Formulierung von Hilfsfragen und Nachfragen
Ziel dieser Übung ist, sich auf mögliche Widerstände im Gesprächsablauf eines Interviews einzustellen. Zwei Schüler legen ein Interviewthema zu einem Inhalt des Unterrichts fest. Nach zehnminütiger Vorbereitung inter-

viewt der eine den anderen, wobei der Interviewte einen Experten spielt, der freundlich, aber nur wortkarg antwortet und das Gespräch immer wieder stocken lässt. Aufgabe des Interviewers ist es, sich geeignete Frageformen zu überlegen, mit denen er das Gespräch in Fluss hält. Ein dritter Schüler als Beobachter protokolliert die Hilfs- und Nachfragen für das anschließende Auswertungsgespräch.

Den Abschluss bildet eine Checkliste für Experteninterviews, deren einzelne Punkte entweder von den Schülern zusammengestellt oder mit ihnen besprochen werden (Anlage 5).

Querverweise

Baustein 16: Gut referieren
Baustein 21: Quellen auswählen
Baustein 25: Andere verstehen

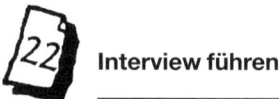

Interview führen   Anlage 1

Informationen zum Autor und Forschungsgebiet

Prof. Gerhard Roth, Jahrgang 1942
Studium der Philosophie, Germanistik, Musikwissenschaft und Biologie
Promotion in Philosophie und Zoologie
seit 1976 Professor für Verhaltensphysiologie an der Universität Bremen
seit 1997 auch Gründungsrektor des Hanse-Wissenschaftskollegs in
Delmenhorst

Roth ist als Hirnforscher an der interdisziplinären Debatte von Geistes-, Sozial- und Naturwissenschaftlern über kognitionswissenschaftliche Fragen interessiert. Wie wirkt die materielle Substanz der Neuronen auf die immaterielle Substanz des Geistigen ein und umgekehrt? Roth untersucht, wie Wahrnehmungen und geistige Zustände zustande kommen. Er sucht dabei nach Regeln, wie im Gehirn eines Organismus Wirklichkeit repräsentiert wird. Grundlage der Annahmen ist dabei, dass das, was erkannt werden kann, immer an den jeweiligen Erkennenden gekoppelt ist. Die Konsequenz ist, dass der traditionelle Anspruch von Objektivität und Wahrheit ins Schwimmen gerät, wenn wir nur zu immer notwendig individuellen Konstruktionen der Wirklichkeit kommen. Insofern ist der Konstruktivismus einer grundsätzlich skeptischen Sicht gegenüber Gewissheiten auf allen Gebieten der menschlichen Wahrnehmung und des menschlichen Handelns verpflichtet. Das hat Auswirkungen auf alle Wissenschaften, auf das Selbstverständnis der Menschen und auf die Erziehung und Ethik. Die Diskussion über die Tragweite dieses Wissenschaftsansatzes wird zurzeit in der internationalen Wissenschaft kontrovers geführt.

Das abgedruckte Interview führte Dr. phil. Bernhard Pörksen. Er studierte Germanistik, Journalistik und Biologie, arbeitet als Journalist und lehrt an der Universität Hamburg Kommunikationswissenschaft.

Interview führen — Anlage 2a

Interview mit Prof. Gerhard Roth (Auszug)

[...] PÖRKSEN Man glaubt gemeinhin, Wahrnehmung sei eine Abbildung des Wirklichen: Das erkennende Bewusstsein, so heißt es, spiegelt, was draußen ist. Sie behaupten dagegen, dass unsere Sinnesorgane und das Gehirn prinzipiell nicht in der Lage sind, die Welt in ihrer ureigentlichen, ihrer realen Gestalt zu erkennen. Welche Begründung gibt es für diese Annahme?

ROTH Die erste Begründung ist, dass nur ganz wenige Ereignisse in der Welt die Sinnesorgane überhaupt erregen und auf sie einwirken können. Das Gesehene ist somit schon deshalb niemals eine Abbildung des Vorhandenen, sondern immer nur ein Ausschnitt. Die ursprünglichsten Sinnesorgane sind wohl Chemorezeptoren, sie bilden eine besonders urtümliche Ausrüstung zur Wahrnehmung der Welt. Für Organismen, die irgendwo im Wasser leben, ist es wichtig, Nahrung, Feinde und Geschlechtspartner voneinander zu unterscheiden, das Gleichgewicht und die Orientierung zu halten, aber keineswegs ist es nötig zu wissen, wie die Welt im Innersten beschaffen sein mag. Auch die menschlichen Sinnesorgane sind nicht auf die exakte Erkenntnis des Realen ausgerichtet, sondern dienen dazu festzustellen, ob etwas um mich herum passiert, was für das eigene Überleben relevant ist. Erst eine Überlebensfragen gelöst erscheinen, lässt sich philosophisch diskutieren, ob überhaupt etwas und wenn ja, was unabhängig von meinen biologischen Bedürfnissen existiert. [...]

PÖRKSEN Wir sind bisher immer von einer bestimmten Konstellation ausgegangen: Da gibt es einen klar erkennbaren Außenreiz, der verarbeitet wird. In der Welt der Gedanken, die wesentlich unsere jeweilige Wirklichkeit bestimmt, fehlt aber dieser eindeutig identifizierbare Input, fehlt der klare Außenreiz, der gerade diesen einen, diesen bestimmten Gedanken erzeugt. Wie weit ist die kognitive Neurobiologie vorangeschritten, wenn es darum geht, dieses Geschehen im Bewusstsein zu erklären?

ROTH Man weiß heute, dass die unser Bewusstsein produzierende Großhirnrinde sich in ihren Verdrahtungen wesentlich mit sich selbst beschäftigt. Auf eine Erregung, die erkennbar von außen kommt, folgen 100 000 Erregungen im Innern des Gehirns; ein einziger Informationsfetzen wird von 100 000 Instanzen verarbeitet. Wahrnehmungen beruhen bei erwachsenen Menschen nur noch zum geringen Teil auf äußeren Sinnesreizen, sie werden zunehmend dem Gedächtnis entnommen. Wenn wir denken, dann steigert sich diese Konstruktivität des Gehirns erneut, und die Abkopplung von einem äußeren Geschehen erreicht eine neue Stufe:

Interview führen — Anlage 2b

Beim Denken und Vorstellen handelt es sich offensichtlich um abstrahierte Wahrnehmungen und abgeleitete Bewegungen. Zu den sensationellen Forschungsergebnissen der letzten Jahre gehört die Erkenntnis, dass die Gehirnzentren, die im Falle von Bewegung aktiv sind, auch dann aktiv sind, wenn wir nur eine Bewegung sehen oder wenn wir sie uns lediglich vorstellen. So viel zur Konstruktion der Gedanken in der individuellen Wirklichkeit des einzelnen Gehirns.

PÖRKSEN Wie individuell sind diese Wirklichkeiten, die wir uns konstruieren, tatsächlich? Sie betonen immer wieder, dass einzelne Menschen in sehr verschiedenen Wahrnehmungswelten leben, und doch widerspricht dem offenkundig eine leicht nachvollziehbare Beobachtung und Erfahrung: Wir verstehen uns nicht ständig falsch, wir begegnen uns zu verabredeten Zeitpunkten, wir können Absprachen für die Zukunft treffen, wir können uns einigen, dass wir in bestimmten Grenzen dasselbe sehen. [...]

ROTH Was wir in diesem Gespräch austauschen, sind Schalldruckwellen, denen wir im Gehirn womöglich unterschiedliche Bedeutungen geben. Durch nichts vermag ich zu garantieren, dass die Schalldruckwellen, die ich gerade produziere, in Ihrem Gehirn die Bedeutungen erhalten, die in mir wünsche und erhoffe. Es ist der Empfänger und nicht der Sender, der diese Bedeutung erst konstituiert. Und trotzdem kommt im Normalfall ein gewisses wechselseitiges Verständnis zustande. Die Erklärung ist alles andere als trivial: Zuerst müssen die Schalldruckwellen im Innenohr überhaupt etwas bewegen; das Hörsystem muss auf die spezifischen Frequenzen der menschlichen Sprache ausgerichtet sein. Eine Ameise hat ein Gehirn, das aus den Schalldruckwellen keine Sprache konstruiert; ein Hund kann das zwar lernen, aber uns Menschen ist diese Fähigkeit zur Spracherkennung angeboren. Dann gehört es zu den Voraussetzungen, dass wir bestimmte Sprachlaute – Drohungen, Schmeicheleien, ein Stöhnen etc. – instinktiv erkennen und unabhängig von jeder menschlichen Einzelsprache begreifen.

Die spezifische Kommunikation basiert schließlich auf einer gemeinsamen Sprache, die jedoch keineswegs garantiert, dass wir uns dann auch tatsächlich verstehen. Der nächste Sockel und die nächste Stufe werden durch eine ähnliche Erziehung erreicht: Sie stellt sicher, dass wir denselben Wörtern eine zumindest vergleichbare Bedeutung zuweisen. Die letzte Stufe der Kommunikationsfähigkeit beruht schließlich auf gemeinsamen Lebenserfahrungen. Vollständiges Verstehen bleibt aber auch dann Illusion, obwohl sich stufenweise die Wahrscheinlichkeit steigern lässt, dass dieselben Wörter parallel dieselben Bedeutungen in unserem Inneren erzeugen.

Interview führen   **Anlage 2c**

PÖRKSEN Besagt diese Stufentheorie der Kommunikation auch, dass wir auf dem letzten Plateau, der letzten Stufe, auf der wir als Einzelne stehen, fundamental einsam sind?

ROTH Ja. Wir sind alle in unsere eigene kognitive Welt eingesperrt. [...]

PÖRKSEN Wir sehen, so sagen Sie, mit den visuellen Zentren des Gehirns, Wahrnehmungen sind Korrelate der Gehirntätigkeit. Bedeutung ist individuell. Eine andere Auffassung besagt dagegen: Wir sehen nicht mit den visuellen Zentren des Gehirns, sondern mit den Augen der Gruppe, der sozialen Gemeinschaft und dem Sprach- und Kulturverbund, aus dem wir kommen. Wir konstruieren gemeinsam eine Welt; Bedeutung ist überindividuell. Wie lässt sich zwischen Ihrem biologischen Konstruktivismus (der Theorie des einzelnen Gehirns) und dem Sozialkonstruktivismus (der Theorie der vielen Gehirne) vermitteln? Sie widersprechen sich doch!

ROTH Nein, keineswegs. Alles, was unsere Weltkonstruktion betrifft – so lautet das erste Axiom – geht durch unser individuelles Gehirn. Das zweite Axiom heißt aber: Das individuelle Gehirn eines Primaten würde niemals in der „normalen" Weise außerhalb einer Gruppe von anderen Primaten ausreifen. Damit wir überhaupt zum Menschen werden, benötigen wir ab dem Moment der Geburt die unmittelbare Nähe und die Schlüsselreize anderer Primaten; unser Gehirn giert elementar und dramatisch nach der Stimme und der Wärme der Mutter, der Nähe des Vaters, der Zufuhr von Nahrung. Deshalb muss man Individuum und Sozialverband zusammen sehen. Das individuelle Gehirn braucht die Gegenwart der Gruppe unbedingt und existenziell. Ein Affe allein ist, wie schon Konrad Lorenz bemerkte, überhaupt kein Affe. Und wir sind Affen.

PÖRKSEN Sie meinen, der Mensch sei ein Affe?

ROTH Was denn sonst? Natürlich ist es einem ratiofixierten Konstruktivismus lieber, sich ein autonomes Ich und ein glorifiziertes sprachliches Wesen vorzustellen, das in einem Akt der bewussten Entscheidung seine besondere Wirklichkeit konstruiert. Faktisch unterscheiden wir uns aber gar nicht so sehr von anderen Tieren. So sind beispielsweise auch Menschen, wie sich empirisch belegen lässt, in einem hohen Maße geruchsgesteuert. Wir merken nur nichts davon, weil unser Geruchssystem keinen direkten Zugang zu unserem Großhirnrinde besitzt und uns diese Prozesse der Steuerung deshalb nicht zu Bewusstsein kommen. Es ist inzwischen bekannt, dass die sozial vermittelten Gerüche, die Pheromone, wesentlich darüber entscheiden, ob wir uns sympathisch oder unsympathisch sind. Man kann, so zeigen Experimente, Menschen Achselschweißbakterien zum Riechen geben und sie bitten, die verschiedenen Gerüche auf ei-

Interview führen   **Anlage 2d**

ner Skala zu klassifizieren. Die sich ergebenden graduell stark schwankenden Sympathiewerte lassen sich dann benutzen, um einen hochinteressanten Versuch zu machen: Man bringt einen jungen Mann und eine junge Frau, die sich vorher nie gesehen haben, aber den Geruch des anderen als extrem anziehend einstufen, in Kontakt. Sie beginnen dann, so stellt man fest, sich äußerst sympathisch zu finden und heftig ineinander zu verlieben, weil die winzigen Geruchsstimuli ins Gehirn gelangen und dort das entsprechende Verhalten auslösen.

PÖRKSEN Wenn man das Erlebnis der Liebe in dieser Weise beschreibt, dann setzt natürlich sofort ein geisteswissenschaftlich antrainierter Reflex ein – und bringt einem den Reduktionismusvorwurf zu Bewusstsein. Die Grundformel des Reduktionismus liege in dem Satz: Sichverlieben ist nichts anderes als die wechselseitige Stimulation durch Gerüche. Sind Sie ein Reduktionist?

ROTH Wenn mich die Beschreibung, die ich gerade geliefert habe, für bestimmte Philosophen zu einem Reduktionisten macht, dann trifft mich das ganz und gar nicht, sondern freut mich eher. Mir kommt es allein darauf an, ob eine Hypothese innerhalb der gegebenen Erkenntnisgrenzen konsistent und stimmig ist, mehr nicht. Wer an einem solchen Ergebnis zweifelt, der sollte es überprüfen, aber sich nicht durch eine Wertung der Resultate aus der Affäre ziehen. Das hat mit Wissenschaft nichts zu tun. Was würden Sie sagen, wenn es mir gelänge, Ihnen ein solches Experiment vorzuführen und zu zeigen, dass sich exakt vorausberechnen lässt, welche der Probanden sich ineinander verlieben?

PÖRKSEN Dann würde ich einwenden, dass dieses Experiment und seine Deutung in keiner Weise die eigentliche Dimension des Erlebens dieser sich ineinander verliebenden Menschen trifft.

ROTH Das stimmt, widerspricht aber keineswegs meinen grundsätzlichen Überlegungen: Wir erleben vieles zuerst unbewusst, was erst später in unsere Großhirnrinde dringt, in unser Bewusstsein gelangt – und dann förmlich nach einer Erklärung schreit. Offensichtlich vermag unser Bewusstsein die nackte Tatsache des Sichverliebens nicht einfach zu akzeptieren; es verlangt die verbale Aufarbeitung, die individuelle Geschichte, die jedoch erst auf die bereits unbewusst getroffene Vorentscheidung folgt.
(aus: Pörksen, Bernhard: Die Gewissheit der Ungewissheit. Gespräche zum Konstruktivismus, Heidelberg 2002, S. 139 – 165)

 **Interview führen** Anlage 3

Aspekte einer Interviewanalyse

Angaben zur Quelle
Datum des Interviews, Interviewer, Interviewter, Ort des Interviews/der Veröffentlichung, Medium

Thema und Argumentationsgang
Fragestellung, Schwerpunkte, Aufbau,
logische Verknüpfung

Frageverhalten des Interviewers
Fragehaltung, Reaktion auf Antworten, Strukturierung des Ablaufs, Haltung zum Interviewten und zum Thema, Wertungen

Antwortverhalten des Interviewten
Sprache, Stil, Reaktion auf Fragen, Haltung zum Interviewten und zum Thema, Wertungen

Interview führen

Anlage 4

Übung zu Fragetechniken

Offene und geschlossene Fragen

Standardisierte Fragebögen verwenden in der Regel geschlossene Fragen, bei denen der Interviewte nur zwischen vorgegebenen Antwortalternativen wählen kann, die Richtigkeit einer Aussage bestätigen oder verneinen oder Fakten nennen kann. Offene Fragen sind eher Impulse für das Erzählen, die zu längeren Wortbeiträgen führen sollen.

Formulieren Sie zu einem Thema mehrere Beispiele für beide Frageformen.

Sachfragen

Das Ziel eines Experteninterviews kann darin bestehen, primär Fakten erfahren zu wollen oder aber Meinungen. Wenn beides recherchiert werden soll, ist es wissenschaftlich wichtig, beides strikt voneinander zu trennen und das Erkenntnisinteresse in den einzelnen Fragen nicht zu vermischen.

Formulieren Sie zum selben Themenaspekt einerseits Faktenfragen, andererseits Meinungsfragen. Analysieren Sie, wodurch sie sich sprachlich unterscheiden.

Suggestivfragen

Um die wirklichen Ansichten eines Interviewpartners zu erfahren, ist es wichtig, ihn nicht durch die Formulierung der Frage schon in eine bestimmte Richtung zu drängen. Darauf muss sehr viel Aufmerksamkeit verwendet werden, weil es oft trotz gegenteiliger Absicht unbewusst geschieht.

Experimentieren Sie mit verschiedenen sprachlichen Formulierungen, um den Grad der Suggestivität einer Frage vom Extrem her schrittweise abzubauen. Was zeichnet sprachlich Fragen aus, die frei von Suggestion sind? Ist das überhaupt möglich?

 Interview führen

Anlage 5

Checkliste für Experteninterviews

- ☐ Termin, Ort und Thema des Interviews langfristig vereinbaren
- ☐ sich in der Themenstellung fachkundig machen
- ☐ Einverständnis des Interviewten zur Form der Aufzeichnung des Gesprächs einholen
- ☐ die Aufzeichnung des Interviews technisch vorbereiten
- ☐ freundliche Gesprächsatmosphäre schaffen
- ☐ Fragekomplexe strukturieren und Reihenfolge der Teilthemen festlegen
- ☐ Fragen auf Status und Fachgebiet des Experten abstimmen
- ☐ Gesprächseröffnung und Hinführung zum Thema („Warming up") planen
- ☐ Fragen im Gesprächston auf Karteikarten notieren, aber nicht einfach ablesen
- ☐ selbstbewusst, aber höflich im Ton auch unbequeme Fragen stellen
- ☐ offene Fragen und Gesprächsimpulse formulieren
- ☐ Nachfragen und Hilfsfragen bereithalten
- ☐ suggestive, rhetorische und inquisitorische Fragen vermeiden
- ☐ aktiv zuhören: Interesse zeigen, Verstehen bestätigen, Aussagen zusammenfassen
- ☐ Form der Gesprächsbeendigung und des Dankes überlegen
- ☐ wesentliche Teile des Interviews niederschreiben
- ☐ die Aufzeichnung des Interviewtextes vom Interviewten autorisieren lassen
- ☐ Daten zur Person des Interviewten notieren
- ☐ gegebenenfalls Fotos von der Gesprächssituation und von gezeigten Dokumenten machen
- ☐ das Interview inhaltlich nacharbeiten und den Ablauf reflektieren
- ☐ erhaltene Informationen gegebenenfalls überprüfen

23 Richtig zitieren: Zurück zu den Quellen

Ziele und Überblick

- genau und nachprüfbar zitieren können
- ein Literatur- und Quellenverzeichnis verfassen
- Fußnoten in schriftlichen Arbeiten sachgerecht handhaben können

A Richtige Verwendung von Zitaten
B Korrekter Nachweis von Fundstellen
C Verwendung von Fußnoten

Kontext

Wissenschaftspropädeutik ist eine wesentliche Aufgabe des Unterrichts in der Sekundarstufe II. Diesem Ziel dient in besonderer Weise die Facharbeit (vgl. BRAUKMANN 2007 und BRENNER 2001). Aber auch davon unabhängig ist die Einführung in wissenschaftliches Arbeiten eine Grundanforderung an den Unterricht in der gymnasialen Oberstufe. Die Schüler sollen in der Anwendung der entsprechenden Methoden sicher sein. Diese haben ohne Zweifel fachspezifische Komponenten, aber auch überfachlich allgemeine Grundlagen. Während Erstere im jeweiligen Fachunterricht zu erlernen sind, gehören die Basisqualifikationen zur allgemeinen Lernkompetenz. Eine spezifische Anforderung im Bereich des Methodenlernens ist, Zitate richtig zu verwenden und korrekt nachzuweisen. Dies spielt außer bei der Facharbeit vor allem bei Schülerreferaten, längeren Hausarbeiten mit Quellenstudium und Textinterpretationen eine Rolle. Im Kern geht es aber nicht nur um eine spezifische Arbeitstechnik, sondern um eine wissenschaftliche Grundhaltung:

- Ich gebe genau wieder, was ich von anderen übernommen habe.
- Ich sorge dafür, dass der Leser nachprüfen kann, woher ich eine Aussage habe.
- Ich respektiere das geistige Eigentum anderer.

Selbst wenn diese Grundhaltung akzeptiert und internalisiert ist, haben Schüler mit der praktischen Umsetzung immer noch erhebliche Schwierigkeiten:

- Was muss ich zitieren, was ist selbstverständliches Allgemeinwissen?
- Wie umfangreich soll mein Zitat sein?
- Wie zeige ich Kürzungen an?
- Wie passe ich mein Zitat in den eigenen Satzbau ein?
- Wie kennzeichne ich Belegstellen?

Der Unterrichtsbaustein gibt Material vor, notwendige Techniken und Regeln einzuüben. Wenn die Zitierweise klar ist, muss die Art des Literatur- und Quellenverzeichnisses besprochen werden. Dabei sollte man sich auf die für den Schulalltag üblichen Quellen beschränken: in der Regel Bücher, Zeitschriften, Zeitungen und das Internet. Es würde nur verwirren, wollte man nahezu alle denkbaren Spielarten wissenschaftlicher Veröffentlichungen im Unterricht behandeln. Detailfragen, zum Beispiel nach der Behandlung von unveröffentlichten Protokollen oder Redemanuskripten, Mitschnitten aus Rundfunk und Fernsehen, Archivfunden oder Ähnlichem werden besser in einer Einzelberatung geklärt. Fußnoten in Anmerkungen zu verwenden ist zwar etwas anderes als eine Zitiertechnik, gehört sachlich aber in diesen Zusammenhang von Methodenlernen. Hier ist die Schwierigkeit für Schüler: Ist die Aussage inhaltlich wesentlich, dann gehört sie zum Haupttext, ist sie unwichtig, muss sie in den Papierkorb. Was bleibt für die Anmerkung? Die Schüler erhalten durch die Bearbeitung der vorgelegten Materialien eine gewisse Sicherheit. Das wirkt auch arbeitsökonomisch entlastend. *Die* allgemein gültigen Regeln für richtiges Zitieren über alle wissenschaftlichen Disziplinen und Institutionen hinweg gibt es allerdings nicht. Die Schüler müssen eine gewisse Unschärfe und Widersprüchlichkeit von Anweisungen, die ihnen in der Literatur begegnen, akzeptieren. Einheitlichkeit ist allerdings unverzichtbar. Es ist unerlässlich, sich nach entsprechenden Vorgaben durch die Einrichtung und ihre Vertreter (Schule/Fachlehrer, Fachbereich an der Universität/Dozent) zu erkundigen. Gute Schulen reagieren darauf mit Absprachen im Kollegium, woraus schriftliche Handreichungen für Schüler und Lehrer abgeleitet werden können. Dort festgehaltene Regelungen sind verbindlich, auch wenn sie von den in diesem Baustein empfohlenen Konventionen abweichen.

Medien

Thema	Anlage	Titel	Form
A	1	Zitierregeln	Kopie je Schüler
	2	Schreibübung: Richtig zitieren	Kopie je Schüler
B	3	Literaturverzeichnis	Kopie je Schüler
C	4	Hinweise zu Fußnoten	Kopie je Schüler

Themenfolge

A Richtige Verwendung von Zitaten

Nachdem den Schülern die Notwendigkeit des sorgfältigen Zitierens für wissenschaftliches Arbeiten erläutert ist, leiten sie aus den Beispielzitaten (Anlage 1) Grundregeln ab. Es ist zwischen direkten und indirekten Zitaten zu unterscheiden. Weitere Zitierregeln, die in den Beispielen noch nicht erfasst sind, zum Beispiel ein Zitat im Zitat, können an dieser Stelle vom Lehrer ergänzt werden.

Es folgt eine Übung, in der die Schüler an einem selbst zu produzierenden kleinen Text das gewonnene Wissen unmittelbar anwenden und so ihr Verständnis der Regeln überprüfen können (Anlage 2).

B Korrekter Nachweis von Fundstellen

Der Lehrer wählt zu den verschiedenen Quellenarten, die in Anlage 3 dargestellt sind, Veröffentlichungen aus der Schulbibliothek aus. Die Anzahl sollte Partnerarbeit der Schüler ermöglichen. Die Regeln und Beispiele werden nicht vorweg besprochen, sondern dienen den Schülern bei der Bearbeitung der Aufgabe als „Nachschlagewerk". Die Schüler wählen eine Veröffentlichung aus, nehmen die Literaturangaben in ein Verzeichnis auf und tauschen die Bücher beziehungsweise Zeitschriften untereinander, bis jedes Paar alle mitgebrachten Publikationen bearbeitet hat. Die Auswertung kann erfolgen, indem die erstellten Literaturverzeichnisse verglichen werden. Unstimmigkeiten werden vermerkt und im Plenum geklärt. Da die vorgegebenen Regeln oft nicht exakt auf die mitgebrachten Veröffentlichungen passen werden, können Abweichungen besprochen und so Ergänzungen des Regelapparats vorgenommen werden. Hier ist der Hinweis auf die notwendige Einheitlichkeit und auf die Konventionalität der Regeln wichtig.

Zur vertiefenden Übung: Jedem Schüler wird eine der Quellenarten zugeteilt. Er erhält die Aufgabe, ein dazu passendes Literaturbeispiel aus dem schulischen oder privaten Bestand beziehungsweise dem Internet zu suchen und die entsprechende Literaturangabe aufzuschreiben.

C Verwendung von Fußnoten

Das Arbeitsblatt Anlage 4 enthält eine Reihe von Hinweisen, wie man Fußnoten in einem Text sinnvoll einsetzen kann. Diese sollten mit den Schülern besprochen werden. Die anschließende Phase des Übens darf durchaus Spaß machen: Das Thema „Schule ohne Lehrer" ermöglicht sowohl ernste als auch heitere Beiträge, realistische und visionäre. Es ist auch interessant und zugleich anspruchsvoll, sich nicht nur einen Inhalt auszudenken, sondern auch Literaturangaben und Fußnotentext zu kreieren. Das braucht etwas Zeit, führt aber zu individuellen Lösungen. Die Auswertung erfolgt am besten, indem die verfassten Kurztexte in Partnerarbeit ausgetauscht werden. Methodische Probleme des Umgangs mit den Fußnoten können abschließend in der Gruppe besprochen werden. Wenn man auch die Handhabung von Fußnoten mit einem Textverarbeitungsprogramm üben lassen will, kann der Text zusätzlich mit dem PC geschrieben werden.

Querverweis

Baustein 21: Quellen auswählen

Richtig zitieren   Anlage 1

Zitierregeln

> **Ein wissenschaftlicher Grundsatz lautet:** Ich gebe genau wieder, was ich von anderen übernommen habe. Nichts Wesentliches wird weggelassen, der Sinn der Aussage nicht entstellt. Jede Veränderung ist kenntlich gemacht. Ich mache sprachlich deutlich, wenn ich Auffassungen eines anderen wiedergebe, um eigene Gedanken zu stützen und zu belegen.

Es heißt in einem Biologiebuch zum Verhalten von Nacktmullen, die mit den Stachelschweinen verwandt sind:

Unter den Tieren herrscht eine deutliche Arbeitsteilung, die – ähnlich wie bei den Honigbienen – vom Alter und hier zusätzlich von der Körpergröße bestimmt wird: Die zwei bis drei Monate alten Jungtiere bilden Putz- und Futterbeschaffungskolonnen. Wer größer geworden ist, übernimmt Verteidigungsaufgaben.

(AUS: HORNUNG, GERHARD/MIRAM, WOLFGANG/PAUL, ANDREAS: Verhaltensbiologie, Hannover: Schroedel 1998, S. 91)

Folgende Formulierungen sind möglich:

Schüler A formuliert :

▪ Die Verfasser sprechen bei diesen Tieren, die mit den Stachelschweinen verwandt sind, von einer „Arbeitsteilung, die [...] vom Alter und [...] von der Körpergröße bestimmt wird".

Schüler B formuliert:

▪ Die Autoren sprechen von einer „deutliche[n] Arbeitsteilung" bei diesen Tieren.

Schüler C schreibt:

▪ „Unter den Tieren herrscht eine deutliche Arbeitsteilung [...]". Das ist die Kernaussage der Verfasser.

Schüler D schreibt:

▪ Wer größer geworden sei, so die Verfasser, übernehme in diesem Volk der Nagetiere Verteidigungsaufgaben.

Formulieren Sie zu jedem Satz der Schüler A bis D eine Regel für den richtigen Umgang mit Zitaten, die den Schüler geleitet haben könnte.

 **Richtig zitieren**   **Anlage 2**

Schreibübung

Wenden Sie die erlernten Grundsätze und Regeln für das richtige Zitieren in der folgenden Schreibübung konkret an.

Formulieren Sie ein kurzes Statement zum Thema „Das Lernen organisieren und optimieren". Beziehen Sie sich dabei auf Ihre Erfahrungen mit dem Lernen in der Schule und bauen Sie in Ihre Argumentation – zustimmend oder kritisch – Auszüge aus den nachfolgenden Originaltexten formal richtig ein.

> Kinder, Jugendliche und vor allem deren Eltern erwarten von Lernmethoden Rezepte, „Abkürzungen", Tipps und Tricks, um mit möglichst wenig Anstrengung den Lernalltag zu bewältigen.
>
> (aus: Regula Schräder-Naef: Lerntraining in der Schule, Weinheim/Basel 2002, S. 15)

> Größere Selbstständigkeit im Lernen kann aber nicht einfach selbstständig erworben werden, sondern bedarf der intensiven und langfristigen Anleitung und Unterstützung.
>
> (aus: Christoph Metzger: Wie lerne ich?, Aarau 2001, S. 5)

> Es ist nicht damit getan, dass einzelne Fachlehrer Lernkompetenz in ihrem Unterricht aufgreifen. Vielmehr verlangt eine systematische Entwicklung einen fachbereichsübergreifenden Ansatz, der letztlich alle an Schule Beteiligten mit einbezieht.
>
> (aus: Realschule Enger (Hg.): Lernkompetenz II, Berlin 2005, S. 11)

Anlage 3a

23 Richtig zitieren

Literaturverzeichnis

Goldene Regel:
Ich schmücke mich nicht mit fremden Federn, sondern respektiere das geistige Eigentum anderer und sorge dafür, dass der Leser nachprüfen kann, woher ich eine Aussage habe. Ich nutze das Literaturverzeichnis nicht, um den Eindruck zu erwecken, ich sei besonders belesen, sondern führe nur die Literatur auf, die ich auch wirklich für wörtliche oder indirekte Zitate herangezogen habe.

Die wichtigsten Regelungen für das Erstellen eines Literaturverzeichnisses sind im Folgenden an Beispielen aus unterschiedlichen Fachgebieten erläutert. Die einzelnen Varianten kommen oft in Mischformen vor.

Art der Quelle	Beispiel
Buch: (ein Autor) mit Untertitel Autorenname, Vorname: Titel. Der Untertitel folgt immer dem Titel. (Die Zahl der Auflage steht gegebenenfalls vor dem Verlagsort oder wird als hochgestellte Ziffer der Jahreszahl hinzugefügt.) Verlagsort: Verlag Jahreszahl.	ROTH, GERHARD: Fühlen, Denken, Handeln. Wie das Gehirn unser Verhalten steuert. Frankfurt/M.: Suhrkamp 2001
Buch: (mehrere Autoren) erschienen in einer Reihe Die Autorennamen werden mit Schrägstrich voneinander getrennt (bei mehr als drei Namen fügt man „u.a." an den ersten Namen an). (= Reihe)	HORNUNG, GERHARD/MIRAM, WOLFGANG/PAUL, ANDREAS: Verhaltensbiologie. Neubearbeitung. Hannover: Schroedel 1998 (= Materialien für den Sekundarbereich II. Biologie)
Übersetzung Die Übersetzernamen folgen dem Titel, gegebenenfalls Untertitel.	GOLEMAN, DANIEL: Emotionale Intelligenz. Aus dem Amerikanischen von Friedrich Griese, München/Wien: Hanser 1996
Sammelband mit Herausgeber(n) Hinter dem oder den Namen steht die Abkürzung (Hg.).	BEHNKEN, IMKE/ZINNECKER, JÜRGEN (Hg.): Kinder. Kindheit. Lebensgeschichte. Ein Handbuch, Seelze-Velber: Kallmeyersche Verlagsbuchhandlung 2001

Anlage 3b

23 Richtig zitieren

Art der Quelle	Beispiel
Lexikon-Artikel Vor dem Titel des Beitrags, der in Anführungszeichen gesetzt wird, steht die Abkürzung „Art.:". Die Band-Angabe folgt ggf. nach dem Namen des Lexikons	Art.: „Gewalt". In: Der Brockhaus: Psychologie. Mannheim/Leipzig: Brockhaus 2001; S. 220 – 223
Zeitschriftenartikel Der Beitragstitel wird in Anführungszeichen gesetzt. Der Name der Zeitschrift folgt nach einem „In:". Band-/Heftnummer und Erscheinungsmonat/-termin werden genannt. Der Seitenumfang des Artikels wird genau angegeben.	WILLE FRANZ: „Das Auge des Gesetzes. Versuche mit Brecht in Hannover, Cottbus, Weimar und Berlin". In: Theater heute, Nr. 2, Februar 2003, S. 10 – 13
Zeitungsartikel Es gelten dieselben Regeln wie bei Zeitschriften. Das Tagesdatum des Erscheinens der Zeitung darf nicht fehlen.	KARSCH, KARL-HEINZ: „Die Lust der Erkenntnis. Eigentlich ist Lernen so spannend wie Sex, nur verlieren die meisten Menschen schnell den Spaß daran." In: Frankfurter Rundschau vom 22.01.2003, S. WB 1
Veröffentlichung im Internet Hinter dem Autoren- und Titelnamen wird die vollständige Internetmetadresse mit dem Datum des Zugriffs auf die Seite und – wenn möglich – dem auf der Seite angegebenen Datum der letzten Änderung angegeben.	PLESKEN: Lineare Algebra I. http://www.fsmpi.rwth-aachen.de/service/skripte/mathe/ Letzte Änderung: 26.09.2001, Zugriff: 07.03.2003

1. Fertigen Sie nach der Art der oben genannten Beispiele in Partnerarbeit ein Literaturverzeichnis für einige der Ihnen vorliegenden Veröffentlichungen an. Die vollständigen Quellenangaben ordnet man alphabetisch nach den Verfassern beziehungsweise Herausgebern oder, wenn diese fehlen, den Sachtiteln. Oft ist es ratsam, die Auflistung in Primärliteratur, Sekundärliteratur und Internetseiten zu gliedern.
2. Tauschen Sie Ihre fertigen Verzeichnisse untereinander aus und markieren Sie Unstimmigkeiten oder Probleme.

Richtig zitieren Anlage 4

Hinweise zu Fußnoten

Fußnoten oder Endnoten in einer Arbeit sollen sparsam verwendet werden. Wichtiges gehört in den Text, Unwichtiges in den Papierkorb.

Fußnoten haben vor allem folgende Funktionen:
a) Sie geben einen kurzen Hinweis auf die Belegstelle für eine inhaltliche Aussage oder ein Zitat. Die ausführlichen Angaben stehen im Literaturverzeichnis.
b) Sie verweisen auf weiterführende Literatur.
c) Sie bieten die Übersetzung von Textstellen, die im Original zitiert wurden.
d) Sie liefern Informationen, die zwar nicht direkt zum Thema gehören, aber für die Leserinnen und Leser wertvolle weiterführende Hinweise geben.

Im Text wird nach dem zu belegenden Zitat oder dem zu erläuternden Begriff beziehungsweise Satz eine hochgestellte Zahl eingefügt. Am Fuß der Seite (Fußnote) oder Ende der Arbeit (Endnote) erscheint knapp die zu ergänzende Information. Allerdings setzt sich auch im deutschen Sprachraum für Belege ohne weitere Hinweise immer mehr die amerikanische Kurzform des Nachweises durch. Sie unterbricht den Lesefluss weniger. Die Stellenangabe findet sich ohne hochgestellte Ziffer in Klammern im Fließtext. Das sieht so aus: Nach Ansicht des Autors ist die Wissenschaft keine „abgehobene Sphäre" (Braukmann 2007, S. 32).

Werden einzelne Worte als Textbelege gesammelt, folgt die Seiten- oder Zeilenangabe unmittelbar der Textstelle. Hier würden Fußnoten den Lesefluss zu sehr stören. Beispiel: Der Ich-Erzähler bezeichnet seinen Nachbarn mit abwertenden Begriffen wie „Qualle" (S. 69) oder „Scheusal" (S. 96).

Will man auf eine Stelle Bezug nehmen, die auf Seite 69 beginnt und auf der nächsten endet, notiert man: S. 69 f. (= folgende Seite). Sind die Textstellen über mehrere Seiten verstreut, kann man zum Beispiel statt: S. 11 – S. 14 auch schreiben: S. 11 ff. (folgende Seiten). Sollen mehrere Seiten aufgelistet werden, kein „+"-Zeichen verwenden, sondern: S. 5 u. S. 9 oder S. 5, S. 9)

Aufgabe:
Versetzen Sie sich in folgende Situation: Sie arbeiten an einer wissenschaftlichen Untersuchung zum Thema „Schule ohne Lehrer". Selbstverständlich haben Sie eine umfangreiche Recherche betrieben. Nach dem Unterricht in Lernkompetenz nutzen Sie Fußnoten in souveräner Weise.
Schreiben Sie einen kurzen Text, in dem die genannten vier Funktionen (a – d) von Fußnoten vorkommen. Denken Sie sich zu diesem Zweck Literaturangaben aus.

Sozialkompetenz

24 Erfahrungen bewerten: Bestandsaufnahme

(Dieses Modell ist unter Mitarbeit von Peter J. Klein nach einer Idee von Klaus Vopel entwickelt.)

Ziele und Überblick

- Selbstreflexion und Sozialkompetenz fördern
- eigene Unterrichts- und Lernerfahrungen beurteilen und in der Gruppe austauschen
- Offenheit gegenüber abweichenden Einschätzungen entwickeln

A Vorbereitung
B Spielorganisation
C Spielanleitung
D Auswertung

Kontext

In neuen Unterrichtszusammenhängen, zum Beispiel beim Übergang von der Sekundarstufe I in die Oberstufe, tauschen sich Schülerinnen und Schüler darüber aus, wie sie ihre aktuelle Schulerfahrung einschätzen. Häufig erfolgt dies informell in Pausengesprächen oder in Freundesgruppen, jedoch nur selten in der gesamten Lerngruppe unter Beteiligung möglichst vieler Schüler mit unterschiedlichen Sichtweisen. Ihre Einschätzungen bleiben meistens ohne konstruktive gemeinsame Suche nach möglichen Lösungswegen und Veränderungsvorschlägen, wenn sie Probleme haben. Mit spielerischem Akzent evaluiert dieses Modell neu gewonnene schulische Erfahrungen in einer Lerngruppe. Das Konzept eignet sich für Warming-up-Phasen, da es auf unkomplizierte Weise zum Gespräch anregt, aber auch für den Fachunterricht, wenn die Sichtweisen der Schüler zu bestimmten Themenschwerpunkten erhoben werden sollen.

Medien

Thema	Anlage	Titel	Form / Material
B	1	Spielanweisung Bestandsaufnahme	Kopie je Gruppe / je Gruppe: als Spielfeld ein großer Bogen Papier (mind.
C	2	Spielplan	DIN-A 2), ein Würfel, etwa 20 Blanko-Karten in den Farben Rot und Grün, ein Marker, Klebestift und Klebeband

Themenfolge

A Vorbereitung

Je nach Lerngruppe, Unterrichtssituation beziehungsweise Zielsetzung werden sechs unterschiedliche Gesichtspunkte begrifflich vorgegeben, zu denen die Schülerinnen und Schüler ihre Einschätzungen äußern sollen.

Kategorien können zum Beispiel sein:

⚀ Kommunikation untereinander
⚁ Lernstoff
⚂ Selbstständigkeit
⚃ Oberstufenunterricht
⚄ Lehrer und Lehrerinnen
⚅ Joker

B Spielorganisation

Zunächst wird eine Einteilung in gleich große heterogene Gruppen mit etwa fünf Mitspielern vorgenommen. Die Materialien werden je Gruppentisch ausgegeben. Die Tische werden zusammengeschoben und der vorbereitete Bogen Papier wird darauf ausgebreitet. Alle Spieler sitzen um den Tisch herum, sodass sie die Spielfläche leicht erreichen können. Zu beachten ist, dass das Oben und Unten des Bogens gekennzeichnet wird, damit er später an einer Wandfläche präsentiert lesbar ist.

C   Spielanleitung

Es wird der Reihe nach gewürfelt.

Die über das Würfeln ermittelte Kategorie wird durch die Leitfrage näher bestimmt.

Die Leitfrage lautet: „Im Blick auf ... [Kategorie] ... denke ich Folgendes".

Die Einschätzungen erfolgen in der Skala von

▪ positiv *„gefällt mir gut, macht mich zufrieden, möchte ich positiv hervorheben"*

bis

▪ negativ *„ist eine Enttäuschung, macht mich wütend, möchte ich negativ hervorheben".*

Der Spieler trägt das, was er kommentieren möchte, in der Gruppe mündlich vor und schreibt seinen Kommentar knapp formuliert und gut lesbar auf eine Karte. Für eine positive Bewertung verwendet er die Farbe Grün, für eine negative die Farbe Rot. Die erwürfelte Augenzahl oder die Kategorie sollte ebenso auf der Karte notiert werden. Anschließend klebt er die Karte auf das Spielfeld, gegebenenfalls wieder lösbares Klebeband verwenden, siehe Variation.

Der Spieler kann beim Würfeln der Zahl 6 (Joker) eine Kategorie frei wählen beziehungsweise Situationen, Probleme oder Überlegungen einführen, die in der vorgegebenen Liste nicht auftauchen. Während der Spieler die Leitfrage beantwortet, hören die anderen Mitspieler ausschließlich zu. Sie dürfen nachfragen, jedoch nicht kommentieren.

Spieldauer

Vorbereitungsphase   zirka 5 Minuten

Spielphase   30 bis 40 Minuten

Auswertungsphase   35 Minuten

Das Spiel erfordert zwei Unterrichtsstunden, um ein differenziertes Ergebnis zu ermöglichen. Allerdings ist es auch in zwei Einzelstunden mit Unterbrechung durchzuführen. Dann sollten die Spielphase und die Auswertungsphase getrennt sein. Besonders die Spielphase ist bedeutend, weil hier der eigentliche Austausch in der Gruppe ohne Lehrerbeteiligung stattfindet. Es erscheint sinnvoll, mindestens zwei Durchläufe zu spielen. Letztlich ist die Dauer aber nur durch die zur Verfügung gestellte Zeit begrenzt.

D   Auswertung

Alle Gruppenergebnisse werden ausgehängt. Als Feedback-Runde kann im Plenum entweder jede Gruppe ihre Ergebnisse kommentieren und Besonderes hervorheben oder alle Gruppen beteiligen sich an Fragestellungen zu den verschiedenen Punkten, um Gemeinsamkeiten, Unterschiede und Bemerkenswertes festzustellen. In der Auswertungsphase können die Schüler gemeinsam mit dem Lehrer zu ausgewählten Problemen Veränderungsvorschläge entwickeln und Vereinbarungen treffen. Abschließend können die Schülerinnen und Schüler rückmelden, wie sie Methode und Ziel dieser Bestandsaufnahme erlebt haben.

Variation

Eine Alternative bietet eine zweite Auswertungsmethode: Nach der Präsentation der ausgehängten Gruppenergebnisse schlagen die Schülerinnen und Schüler eine oder zwei Kategorien vor, über die sie im Plenum sprechen möchten. Zu diesem Zweck werden die thematisch zusammengehörenden Karten von den Spielfeldern abgenommen und ausgehängt. Nun werden die Kommentare kurz vorgestellt, eventuell nach Themenaspekten systematisiert und mit der Lerngruppe besprochen. Wenn die Klasse Probleme klären möchte, sucht sie nach Lösungsmöglichkeiten und vereinbart das weitere Vorgehen. Der Lehrer übernimmt hier beratende Funktion.

Querverweise

Baustein 6: Kursreflexion gestalten
Baustein 25: Andere verstehen

Erfahrungen bewerten   Anlage 1b

Wer an der Reihe ist, sagt zu der von ihm erwürfelten Kategorie seine Einschätzung. **Die Leitfrage lautet: „Im Blick auf ...[Kategorie]... denke ich Folgendes".**

Die Bewertung erfolgt in der Skala
- positiv „gefällt mir, macht mich zufrieden, möchte ich positiv hervorheben"

bis

- negativ „ist eine Enttäuschung, macht mich wütend, möchte ich negativ hervorheben".

Die Mitspieler dürfen nachfragen, aber nicht kommentieren. Anschließend schreibt der Spieler seine Meinung zusammengefasst mit Vermerk der Augenzahl oder Kategorie knapp und gut lesbar auf die rote oder grüne Karte. Der Spieler muss sich zwischen der positiven oder negativen Bewertung entscheiden:

Positives schreibt er auf eine grüne, Negatives auf eine rote Karte.

Joker: Erwürfelt ein Spieler mit der Zahl 6 den Joker, kann er eine Kategorie frei wählen beziehungsweise ein Thema einführen, das in der vorgegebenen Liste nicht auftaucht.

Anschließend ist der nächste Spieler an der Reihe.

Ende des Spiels
Das Spiel ist nach etwa zwei bis vier Runden beendet.
Danach werden im Plenum die Spielergebnisse aller Gruppen ausgewertet.

© Cornelsen Verlag Scriptor   Selbst-, Methoden- und Sozialkompetenz

---

Erfahrungen bewerten   Anlage 1a

Spielanleitung: Bestandsaufnahme

Ziel des Spiels
In Ihrer Gruppe sollen Einschätzungen zu verschiedenen Themen Ihrer Schulerfahrung ermittelt werden.

Spielmaterial   Spielfeld
Würfel
Karten in den Farben Rot und Grün
Liste mit Kategorien
Klebestift

Vorbereitung
Alle Mitspieler sitzen um das Spielfeld, sodass alle das Spielfeld gut erreichen können. Oben und Unten des Spielfeldes werden markiert. Die Gruppe einigt sich, wer beginnt. Je ein Stapel roter und grüner Karten wird ausgelegt.

Spielregel
Jede Würfelzahl entspricht einer Kategorie.

- Kommunikation untereinander
- Lernstoff
- Selbstständigkeit
- Oberstufenunterricht
- Lehrer und Lehrerinnen
- Joker

© Cornelsen Verlag Scriptor   Selbst-, Methoden- und Sozialkompetenz

 **Erfahrungen bewerten**   Anlage 2

Spielplan

positiv

**Moderations-
karten (grün)**

Kategorien

⚀ Kommunikation
   untereinander

⚁ Lernstoff

⚂ Selbstständigkeit

⚃ Oberstufenunterricht

⚄ Lehrer und
   Lehrerinnen

⚅ Joker

negativ

**Moderations-
karten (rot)**

25 Andere verstehen: Kooperation

Ziele und Überblick

- Dialogfähigkeit trainieren
- anknüpfen an Gedanken anderer
- kommunikative Fähigkeiten üben und miteinander kooperieren
- Empathiefähigkeit fördern

A Kontrollierter Dialog
B Anknüpfen an Gedanken anderer
C Übung zur Empathie

Kontext

Die Anleitung für das Gruppenlernen, für Kooperation und Kommunikation, gehört neben der Wissensvermittlung zu den bedeutenden Aufgaben des Lehrers. Dieser Baustein zielt auf Qualifikationen, die auch im Berufsleben verlangt werden: die Bereitschaft und Fähigkeit der Mitarbeiter, zu kooperieren und zu kommunizieren. Im übertragenen Sinne bedeutet dies für die Unterrichtsmitarbeit der Oberstufenkurse:

- Genaues Zuhören: Kontakte knüpfen und Beziehungen aufbauen, den anderen zuhören und sie verstehen.
- Dialogfähigkeit: sich auseinander setzen mit Gedanken anderer, Thesen aufgreifen und beantworten, Kommunikationsregeln beachten.
- Empathiefähigkeit: sich einfühlen in andere und auf sie eingehen, Situationen aus der Perspektive von anderen beurteilen können, andere in ihren individuellen Denk- und Verhaltensweisen verstehen (vgl. SCHRÄDER-NAEF 2002, S. 48).

Medien

Thema	Anlage	Titel	Form / Material
A	1	Kontrollierter Dialog	Folie Kopie je Schüler
B	2	Anknüpfen an Gedanken anderer	Folie / je Gruppe drei DIN-A5-Karten zur Rollenverteilung mit folgenden Buchstaben: 1 x T und 2 x G
C	3	Sich in andere einfühlen	je Gruppe Material für die Situationsbeschreibungen

Themenfolge

A   Kontrollierter Dialog

Lehrer und Schüler sammeln assoziativ Themen für einen Dialog. Da es hier auf die Gesprächs**methode** ankommt, können es sowohl Nonsens-Themen sein als auch ernsthafte Fragestellungen, die sich aus Themen des Unterrichts oder dem Schulalltag ergeben. Die Schüler werden in Dreiergruppen aufgeteilt und wählen aus dem erstellten Themenkatalog eine sie interessierende Fragestellung aus. Zwei Schüler führen dann das Gespräch, der dritte ist Beobachter. Entsprechend der Anleitung (Anlage 1), die zunächst mit dem Lehrer besprochen wird, diskutieren sie nach klar vereinbarten Regeln, über deren Einhaltung der Beobachter wachen muss. Anschließend berichten die Paare der Reihe nach von ihren Erfahrungen, wobei die Beobachter ihre eigenen Wahrnehmungen ergänzen. Das in dieser klassischen Übung praktizierte überbewusste Einhalten von Regeln macht aufmerksam auf die im Alltag verbreitete Regellosigkeit von Gesprächen – auch im Unterricht. Selbstverständlich ist in normalen Unterrichtssituationen eine solche Gesprächsführung nicht sinnvoll, aber die Aufmerksamkeit kann so auf Unterrichtssituationen gelenkt werden, in denen genaues Zuhören das Verstehen anderer fördert.

B   Anknüpfen an Gedanken anderer

Eine ausgeprägte Dialogfähigkeit setzt voraus, dass die Gesprächspartner sich in ihren Beiträgen aufeinander beziehen und gedanklich am Vorredner anknüpfen. Das wird mit der folgenden Übung geschult. Die Klasse wird aufgeteilt in Kleingruppen mit je drei Teilnehmern. Jede Gruppe erhält drei Rollen-Karten: **T G G**

1 x T: Thesengeber formuliert und erläutert eine Behauptung.
Damit nicht zu viel Zeit für das Ausdenken der Thesen aufgewendet werden muss, sollten einige Möglichkeiten vom Lehrer vorgegeben werden. Er kann dabei an Unterrichtsthemen anknüpfen oder auch gesellschaftlich kontroverse Themen aufgreifen. Einige Beispiele:

- Ganztagsschulen erhöhen die Chancengerechtigkeit für Kinder.
- Die Vereinten Nationen sind für die Friedenssicherung auf der Welt unverzichtbar.
- Das Abitur bietet die größte Arbeitsplatzsicherheit in Zeiten hoher Arbeitslosigkeit.
- Quotenregelungen sind ein Beitrag zur Gleichberechtigung der Frau auf dem Arbeitsmarkt.

2 x G: Die beiden Gesprächspartner haben die Aufgabe, gedanklich an diese These in unterschiedlichen Formen anzuknüpfen und sich mit verschiedenen Statements auf sie zu beziehen. Die Folie (Anlage 2) gibt einige Anknüpfungsvarianten verbindlich vor, die aber von den Gesprächspartnern noch spontan ergänzt werden können.

Die Gruppenmitglieder verteilen die Karten (= Rollen) und legen sie als Erinnerung vor sich hin.

T: Thesengeber formuliert und erläutert These.
G: Gesprächspartner beziehen sich nach den Varianten in Anlage 2 auf die These.

Nach einiger Zeit wechselt die Kleingruppe die Rollen und ordnet die Karten neu.

Anschließend können folgende Auswertungsfragen diskutiert werden:
- Inwiefern war das Anknüpfen schwierig?
- Welche gedanklichen Anstrengungen sind für die Weiterführung nötig?
- Warum kommt es im Unterricht häufig zu einer eher beziehungslosen Aneinanderreihung von Argumenten?

C Übung zur Empathie

An konkret vorstellbaren Situationen sollen sich die Schüler in eine Person einfühlen. Jeweils sechs Schüler bilden eine Kleingruppe. Folgende Rollen werden vergeben: Einer übernimmt die Schülerrolle, weitere drei Gruppenmitglieder übernehmen die Rollen der Bezugspersonen. Zwei Schüler sind Beobachter, die folgende Funktion haben: Sie notieren die von dem Schüler vorgebrachten Beweggründe. Denkbare Situationen für Rollenspiele sind in Anlage 3 skizziert. Diese dienen als Vorlage, unterschiedliche Rollen einzunehmen und Erwartungen zu formulieren.

Spielanleitung:

Der Schüler trägt seine Entscheidung vor und erklärt den beiden Beobachtern – nicht den Bezugspersonen! – die Motive für sein Handeln.

Die Bezugspersonen fühlen sich getrennt voneinander in die Situation des Schülers ein und überlegen aus ihrer Rolle heraus, welche Gründe der Schüler anführen wird. Anschließend kommen alle Gruppenmitglieder wieder zusammen. Von den Bezugspersonen des Jugendlichen werden nun die vermuteten Beweggründe formuliert. Die beiden Beobachter prüfen die Übereinstimmungen der Aussagen mit denen des Jugendlichen. Sie können abschließend Empathiepunkte an die Gruppenmitglieder vergeben: fünf für hohe bis null für keine Übereinstimmung. Im Plenum wird abschließend reflektiert, wie man in der Schule Empathiefähigkeit weiterentwickeln könnte.

Querverweise

Baustein 27: Teamarbeit entwickeln
Baustein 30: Konflikte bearbeiten

 **Andere verstehen**   **Anlage 1**

Kontrollierter Dialog

Bei der folgenden Übung geht es darum, einem Mitschüler bzw. einer Mitschülerin genau zuzuhören und zunächst die vorgebrachten Empfindungen, Gedanken und Thesen richtig zur Kenntnis zu nehmen, bevor man die eigenen Überlegungen vorbringt. Ein dritter Mitschüler wacht über die Einhaltung der Regeln und registriert den Verlauf des Gesprächs.
Wählen Sie ein Thema, das Sie kontrovers diskutieren. Legen Sie fest, wer die Diskussionspartner sind (A, X) und wer Beobachter ist (B).
Führen Sie den Dialog kontrolliert nach folgenden Schritten aus:

1. A äußert eine Meinung/Ansicht/Empfindung, während X genau zuhört.

2. X fasst das Gesagte mit eigenen Worten zusammen und vergewissert sich, dass er A richtig verstanden hat, gegebenenfalls korrigiert A die Wahrnehmung.

3. Nun äußert X seinerseits eine Meinung/Ansicht/Empfindung, während A genau zuhört.

4. A wiederholt die Äußerung von X sinngemäß und fragt nach, ob er X korrekt verstanden hat. Gegebenenfalls korrigiert A die Zusammenfassung und so weiter.

Der Beobachter stellt sicher, dass die Regeln selbst im Eifer der Diskussion ausnahmslos beachtet werden.

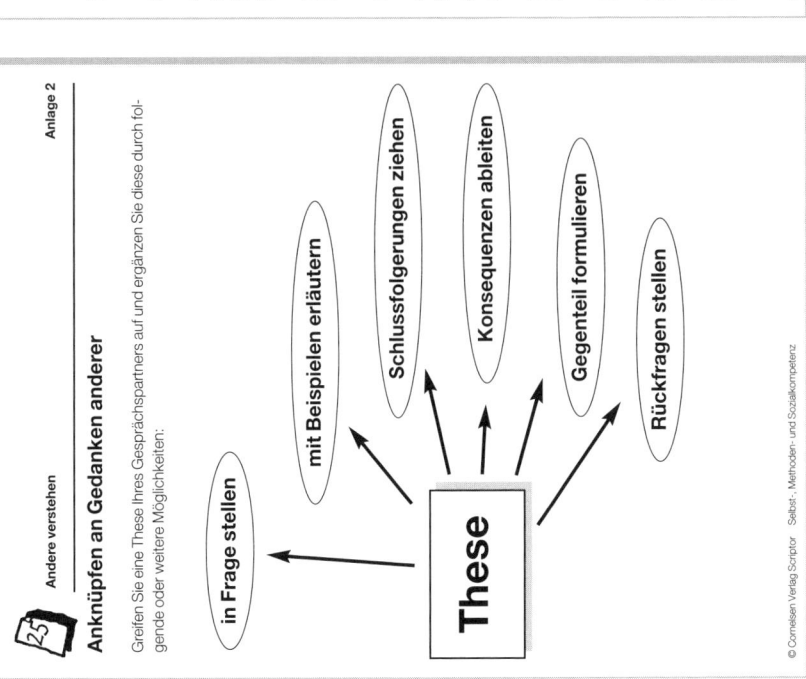

Rollenspiele: Sich in andere einfühlen

Alexej:

„Ich spiele Handball und engagiere mich im Sportverein als Trainer für unsere Jugendmannschaft. Meine schulischen Leistungen verschlechtern sich, weil ich an drei Abenden in der Woche trainiere. Vielleicht werde ich nicht versetzt."

Alexej	Mutter	Klassenlehrerin	Sportfreunde

Franka:

„Meine Leistungen in allen Fächern sind gut bis befriedigend. Ich werde aber von der Schule abgehen und mich nach einem Praktikumsplatz umsehen. Vielleicht ergibt sich daraus für mich eine Idee, was ich beruflich machen könnte."

Franka	Berufsberaterin	Vater	Lehrer

Hanna:

„Ich werde nach dem bestandenen Abitur Archäologie studieren, obwohl ich später die Anwaltskanzlei meiner Eltern übernehmen könnte."

Hanna	Eltern	Bruder	Freund

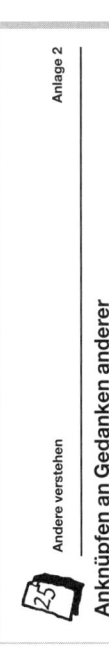

Anknüpfen an Gedanken anderer

Greifen Sie eine These Ihres Gesprächspartners auf und ergänzen Sie diese durch folgende oder weitere Möglichkeiten:

These

- in Frage stellen
- mit Beispielen erläutern
- Schlussfolgerungen ziehen
- Konsequenzen ableiten
- Gegenteil formulieren
- Rückfragen stellen

26 Feedback geben: Offene Kommunikation

Ziele und Überblick

- Grundsätze für eine offene Kommunikation in Gruppen reflektieren
- die Methode eines konstruktiven Feedbacks trainieren

A Offene Kommunikation
B Feedback geben

Kontext

In der Schule richtet sich normalerweise die Aufmerksamkeit auf die Unterrichtsthemen und Aufgaben. Daneben spielen aber die einzelnen Schüler und Lehrer mit ihren Interessen, Erfahrungen, Wünschen und Gedanken ebenso eine Rolle wie der Gruppenprozess und die äußeren Rahmenbedingungen. Im Unterricht muss es zu einer produktiven Beziehung zwischen diesen Faktoren kommen. Diese kann gefördert werden, wenn man sich mit der Klasse auf Grundsätze des Kommunizierens verständigt, wie sie im Umfeld der sog. Themenzentrierten Interaktion entwickelt worden sind (vgl. Gruppenarbeit: Themenzentriert 1987). Die Art, wie Rückmeldungen gegeben und Kritik konstruktiv geübt wird, ist in diesem Zusammenhang von Bedeutung.

Medien

Thema	Anlage	Titel	Form / Material
A	1	Grundsätze für eine offene Kommunikation	Kopie je Schüler
B	2	Feedback-Regeln	für jede Zweier-Gruppe eine auf einer Moderationskarte notierte Regel

Themenfolge

A Offene Kommunikation

Der Lehrer erläutert den Grundansatz der ausbalancierten Struktur zwischen der individuellen Person (Ich), dem Thema (Es) und der Gruppe (Wir) im jeweiligen Umfeld (vgl. WELLHÖFER 1993, S. 115). Mit der Lerngruppe wird dieses allgemeine Modell für die Arbeit im Unterricht konkretisiert. Die Wechselwirkungen zwischen den drei Faktoren müssen deutlich werden. Besprochen wird, wodurch ein Ungleichgewicht in dieser Struktur innerhalb von Klassen und Kursen in der Schule entstehen kann. Das ist der Ausgangspunkt, um einige Grundsätze für eine offene Kommunikation in der Klasse (Anlage 1) zu behandeln. Die Schüler setzen sich mit den Regeln (vgl. ders., S. 116 f.) auseinander, indem sie in Partnerarbeit zu den jeweiligen Aufforderungen für sie einleuchtende Begründungen und Beispiele aus ihrem Schulalltag sammeln. Wenn ein Paar seine Überlegungen vorstellt, können die anderen weitere plausible Begründungen und passende Situationsschilderungen ergänzen. Abschließend wird diskutiert, ob die Grundsätze, zum Beispiel „Störungen haben Vorrang", im Unterricht anwendbar sind und welche Probleme auftreten, wenn man diese auf den schulischen Bereich überträgt.

B Feedback geben

Jeweils zwei Schüler, die zuvor ausgewählt wurden, erhalten eine vom Lehrer auf einer Moderationskarte formulierte Regel für ein hilfreiches Feedback (vgl. PHILIPP 1996, S. 37) aus der Auflistung in Anlage 2. Ihre Aufgabe besteht darin, in einem kurzen szenischen Anspiel das Gegenteil dessen deutlich zu machen, was mit dem Grundsatz ausgedrückt wird, also beispielsweise ein wenig einfühlsames Feedback oder ein ungenaues darzustellen. Denkbare Feedback-Situationen sind zum Beispiel: die Lehrerrückmeldung nach einer Klausur, die Äußerung von Mitschülern nach einem Referat, die Kritik eines Trainers nach einem Spiel, die Abschlussbesprechung mit dem Praktikumsbegleiter nach einem Betriebspraktikum. Wenn die Szene vorgespielt ist, wird zunächst gesammelt, warum eine solche Art des Feedbacks für den Kritisierten nicht annehmbar ist und auf Ablehnung stößt.

Daraus kann dann ein positiv formulierter Grundsatz für richtiges Feed-back abgeleitet und als Regel an der Tafel festgehalten werden. Zum Abschluss wird die Positiv-Variante des Feedbacks in der gewählten Situation vorgespielt. Es ist besonders darauf zu achten, dass die Kritik in der Sache nicht zurückgenommen oder durch „aufweichende" unbestimmte Redeflos-keln abgeschwächt wird, denn das Feedback soll ehrlich bleiben. Im Fach-unterricht werden die erlernten Feedback-Regeln immer wieder trainiert.

Querverweise

Baustein 2: Motivation klären
Baustein 25: Andere verstehen
Baustein 27: Teamarbeit entwickeln
Baustein 28: Prozesse reflektieren

Feedback geben **Anlage 1**

Grundsätze für eine offene Kommunikation

Führen Sie die folgenden Sätze fort, indem Sie die genannten Grundsätze
für eine offene Kommunikation auf Lerngruppen übertragen. Suchen Sie für
jeden Grundsatz Beispiele aus Ihrem Schulalltag.

Grundsatz 1

Übernehmen Sie die Verantwortung für das, was Sie für sich aus der Unterrichtsstunde machen. Sagen Sie, was Sie denken, und fragen Sie sich nicht
ständig, ob andere etwas anderes wollen oder erwarten, weil ...

Grundsatz 2

Störungen haben Vorrang. Unterbrechen Sie das Unterrichtsgespräch,
wenn Sie nicht mehr aktiv teilnehmen können, abgelenkt sind oder sich über
etwas ärgern, denn ...

Grundsatz 3

Vermeiden Sie Nebengespräche mit dem Nachbarn. Es soll nie mehr als ein
Schüler zur gleichen Zeit sprechen, weil ...

Grundsatz 4

Verstecken Sie sich als Person nicht sprachlich hinter verallgemeinernden
Man- oder Wir-Formulierungen, sondern reden Sie in der Ich-Form, denn ...

Grundsatz 5

Schauen Sie Ihre Gesprächspartner an. Reden Sie nicht ausschließlich in
Richtung des Lehrers, wenn Sie sich auf Beiträge einzelner Mitschüler beziehen, weil ...

 **Feedback geben**   **Anlage 2**

Feedback-Regeln

1. Feedback soll **rücksichtsvoll** vorgebracht werden, den Mitschüler nicht verletzen, einfühlsam sein und seine Bedürfnisse achten.

2. Feedback soll **konkret** sein und sich auf bestimmte Verhaltensweisen und Ereignisse beziehen. Diese müssen genau benannt werden.

3. Feedback soll **umsetzbar** sein und Verhaltensweisen benennen, die vom Mitschüler wirklich verändert werden können.

4. Feedback soll nicht **ausschließlich** negative Wahrnehmungen enthalten. Beginnen Sie mit dem Positiven, seien Sie aber ehrlich.

5. Feedback soll dem Mitschüler **keine Motive unterstellen.**

7 Teamarbeit entwickeln: Kleingruppenarbeit

Ziele und Überblick

- Erfahrungen mit Gruppenarbeit reflektieren
- Regeln für effektive Gruppenarbeit aufstellen
- Rollen in Gruppen erkennen und gestalten

A   Erfahrungen
B   Tipps für Gruppenarbeit
C   Rollenübernahme in Gruppen

Kontext

Mit Kleingruppenarbeit in der Schule machen Lehrer wie Schüler widersprüchliche Erfahrungen. Einerseits zeigt sich in der Gruppenarbeit, wie lebendig, interessant, kreativ und produktiv Unterricht sein kann, andererseits gilt die Arbeit in Gruppen als Beispiel für eine ineffektive, arbeitsaufwändige und konfliktbelastete Arbeitsform. Kleingruppen in der Schule unterliegen nicht denselben Bedingungen und Funktionen wie Teams in der Arbeitswelt, aber es sind ähnliche Grundfähigkeiten gefragt. Insofern dient dieser Baustein dem Erwerb der Schlüsselqualifikation „Teamfähigkeit", die über die Schule hinaus Bedeutung hat. Die Anforderungen in dieser Sozialkompetenz setzen selbst wieder zahlreiche einzelne Fähigkeiten im Bereich der Selbst- und Methodenkompetenz voraus. Genannt seien hier nur Zielfestlegung, Planen der Arbeitszeit, Gesprächsführung, Feedback, Protokollieren, Präsentieren, Visualisieren. Für Gruppenarbeit ist wichtig, dass die Aufgaben klar und verbindlich verteilt sind, die der Einzelne in ihr – bewusst oder unbewusst – spielt. Dieser Baustein macht dieses Faktum offenkundig und lädt die Schüler ein, spielerisch eigene Grundmuster des Rollenhandelns in Kleingruppen an sich selbst zu erfahren und für die Gestaltung effektiver Gruppenarbeit zu nutzen. Eine Beschreibung und gegebenenfalls Festlegung von Funktionen innerhalb einer Arbeitsgruppe kann insbesondere in neuen Gruppen und bei wenig erfahrenen Mitgliedern für eine klare Strukturierung der Arbeit sorgen. Sie bietet die Chance, dass Einzelne sich unter Umständen bewusst werden, dass sie immer dieselben Funktionen wahrnehmen, und Lust entwickeln, sich in ungewohnten Rollen auszuprobieren.

Medien

Thema	Anlage	Titel	Form/Material
A	1	Protokollvorlage	je Protokollant ein Exemplar
B	2	Tipps für Gruppenarbeit	Plakatkarton, Marker
C	3	Anregungen zur Selbstreflexion	Lehrerexemplar je Gruppe drei Papiertaschentücher, 10 große Moderationskarten und Stifte

Themenfolge

A   Erfahrungen

Die ambivalenten Erfahrungen, die es in jeder Klasse mit der Kleingruppenarbeit gibt, stehen am Anfang der Beschäftigung. So wird verhindert, dass die Schüler den Eindruck gewinnen, ihnen solle eine Methode unabhängig von ihren schulischen Erfahrungen aufgezwungen werden. Nach der Fish-Bowl-Methode, die der Lehrer erklärt, sitzen die Diskutierenden in der Mitte des Raums, alle anderen im Kreis darum herum. Im Kreisinneren stehen für die Pro- und die Kontra-Gruppe jeweils zwei Stühle zur Verfügung. Nur jeweils einer der Stühle ist aber von einem Schüler besetzt. Der Vertreter der Pro-Position beginnt mit dem Vertreter der Kontra-Position ein freies Gespräch. Themenvorschlag: „Soll der Unterricht im Mathematikkurs verstärkt in Kleingruppen durchgeführt werden?"

Die Mitschüler im Außenkreis nehmen nicht aktiv teil. Wenn jemand aus dem Außenkreis eigene Erfahrungen und Meinungen beisteuern will, besetzt er von sich aus den leeren Stuhl seiner „Partei" und diskutiert mit. Als neu Hinzugekommener hat er Redevorrecht. Nach spätestens zwei Minuten muss er wieder zurück in den Außenkreis und den Platz für einen

Nachrücker frei machen. Möglichst jeder aus der Klasse sollte sich mindestens ein Mal am Gespräch beteiligen. Wenn der Lehrer den Eindruck hat, dass sich das Gespräch erschöpft hat, wird die Diskussion beendet.

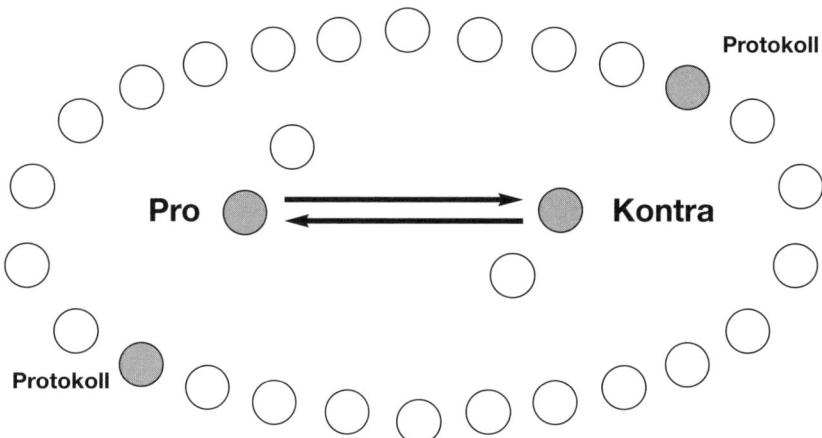

Zwei vorher instruierte Gruppenmitglieder haben eine Protokoll-Aufgabe, einer für die Pro-, einer für die Kontra-Position. Sie diskutieren nicht mit, sondern notieren auf dem vorbereiteten Formular (Anlage 1) wesentliche Positionen in Stichworten, geordnet nach den vier für die Gruppenarbeit zentralen Aspekten: Thema und Aufgabe der Gruppe, der Einzelne als Gruppenmitglied, die Gruppe insgesamt und die Rahmenbedingungen der Gruppenarbeit.

B   Tipps für Gruppenarbeit

Den Ausgangspunkt bilden die Stichwort-Protokolle der Fish-Bowl-Gespräche. Die zwei Protokollanten tragen nacheinander vor, was sie zu einem der vier Aspekte notiert haben. Dass es sich nicht um trennscharfe Kategorien handelt, ist unerheblich. Sind es positive Beschreibungen, werden sie als Tipp in die Liste übernommen, handelt es sich um Kritik beziehungsweise Negativbeschreibungen, leitet die Klasse daraus im Umkehrschluss Merkmale gelingender Gruppenarbeit ab. Hilfreich ist, wenn nicht nur wünschenswerte Zustände beschrieben, sondern konkrete Handlungen benannt werden, die Gruppenarbeit unterstützen. Die gefundenen Empfehlungen können auf Plakatkarton festgehalten und als Selbstverpflichtung im Unterrichtsraum sichtbar ausgehängt werden. Ein mögliches Ergebnis zeigt Anlage 2.

C   Rollenübernahme in Gruppen

Typische Verhaltensmuster in einer Kleingruppe werden mit Hilfe der Spielübung „Taschentuch-Bilder" thematisiert. Der Lehrer muss dafür sorgen, dass bei diesem Spiel nicht gesprochen oder durch Zeichen kommuniziert wird, denn nur dann sind die Gruppenmitglieder prinzipiell gleichberechtigt.

„Taschentuch-Bilder"
Spielanleitung:

Jede Gruppe hat vier bis fünf Mitspieler.
Die Gruppen setzen sich an getrennte Tische.
In die Mitte des Tisches wird ein Papiertaschentuch gelegt.
Die Gruppenmitglieder dürfen nicht miteinander sprechen und sich nicht durch Zeichen etwas mitteilen.
Die Aufgabe besteht darin, mit dem Taschentuch durch Falten oder Reißen einen Begriff darzustellen.
Wenn die Gruppe diese Aufgabe beendet hat, lehnen sich alle Gruppenmitglieder zurück.
Haben alle Gruppen die Aufgaben einer Spielrunde erledigt, stellt der Lehrer einige Fragen, über die jeder nachdenkt, ohne mit anderen darüber zu sprechen.
Den Abschluss bildet eine Präsentation der Taschentuch-Werke.
Es werden drei Runden mit jeweils einem neuen Papiertaschentuch gespielt.
1. Runde: Gestalten Sie aus dem Taschentuch ein „Auto".
        Fragen zur Selbstreflexion 1 (Anlage 3)
2. Runde: Stellen Sie mit dem Taschentuch den Begriff „Schule" dar.
        Fragen zur Selbstreflexion 2 (Anlage 3)
3. Runde: Gestalten Sie aus dem Taschentuch etwas, das „Freiheit" ausdrückt.
        Fragen zur Selbstreflexion 3 (Anlage 3)

Bei diesem Spiel geht es um Selbstreflexion. Jeder Einzelne denkt über seine Gruppenerfahrungen und Verhaltensweisen nach. Anlage 3 bietet einige mögliche Fragen, die der Lehrer als Denkanstoß zur Reflexion der Erfahrungen nach jeder Spielrunde stellen kann. Notizen sind in diesem Fall nicht nötig. Nur, wenn von der Gruppe gewünscht, wird über einzelne Punkte verallgemeinernd gesprochen. Allerdings kann jeder in einer „Blitzlicht"-Runde am Ende seinen Eindruck von der Spielübung formulieren.

Der zweite Schritt besteht darin, sich mit Rollen in Arbeitsgruppen zu befassen, die für eine klare Aufgabenverteilung sorgen können und die Spontaneität und Kreativität der Gruppe oft eher fördern als – wie von vielen befürchtet wird – hemmen. Die Aufgabe verlangt, dass die Schüler zu denkbaren Funktionen innerhalb einer Arbeitsgruppe Rollenskripte schreiben, in denen präzise festgehalten ist, was in der entsprechenden Rolle zu tun ist. Das kann in arbeitsteiliger Gruppenarbeit geschehen. Denkbar sind unter anderem: Protokollant, Diskussionsleiter, Präsentator, Zeitnehmer, Materialwart, Themen-Controller, Konflikt-Moderator. Werden die fertigen Karten anschließend vom Lehrer vervielfältigt, können sich die Schüler bei der nächsten Gruppenarbeit im Unterricht einen Stapel des Rollen-Sets mit in die Kleingruppenarbeit nehmen und die Rollenkarten verteilen.

Querverweise

Baustein 14: Mitarbeit verbessern
Baustein 25: Andere verstehen

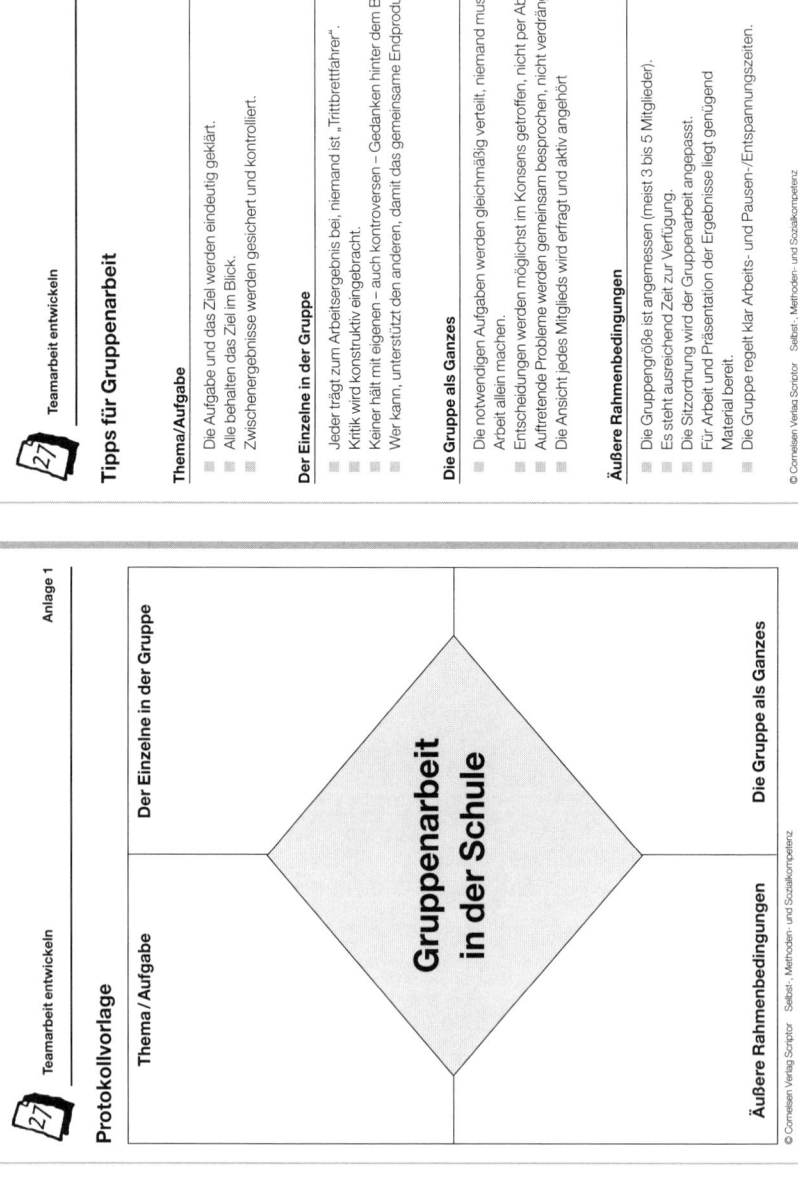

27 Tipps für Gruppenarbeit

Thema/Aufgabe

- Die Aufgabe und das Ziel werden eindeutig geklärt.
- Alle behalten das Ziel im Blick.
- Zwischenergebnisse werden gesichert und kontrolliert.

Der Einzelne in der Gruppe

- Jeder trägt zum Arbeitsergebnis bei, niemand ist „Trittbrettfahrer".
- Kritik wird konstruktiv eingebracht.
- Keiner hält mit eigenen – auch kontroversen – Gedanken hinter dem Berg.
- Wer kann, unterstützt den anderen, damit das gemeinsame Endprodukt gelingt.

Die Gruppe als Ganzes

- Die notwendigen Aufgaben werden gleichmäßig verteilt, niemand muss die ganze Arbeit allein machen.
- Entscheidungen werden möglichst im Konsens getroffen, nicht per Abstimmung.
- Auftretende Probleme werden gemeinsam besprochen, nicht verdrängt.
- Die Ansicht jedes Mitglieds wird erfragt und aktiv angehört

Äußere Rahmenbedingungen

- Die Gruppengröße ist angemessen (meist 3 bis 5 Mitglieder).
- Es steht ausreichend Zeit zur Verfügung.
- Die Sitzordnung wird der Gruppenarbeit angepasst.
- Für Arbeit und Präsentation der Ergebnisse liegt genügend Material bereit.
- Die Gruppe regelt klar Arbeits- und Pausen-/Entspannungszeiten.

27 Protokollvorlage

Thema / Aufgabe **Der Einzelne in der Gruppe**

Gruppenarbeit in der Schule

Äußere Rahmenbedingungen **Die Gruppe als Ganzes**

Teamarbeit entwickeln   **Anlage 3**

Anregungen zur Selbstreflexion

Fragen zur Selbstreflexion nach der 1. Runde:

- Wer hat angefangen, seine Idee umzusetzen?
  Was ist davon übrig geblieben?
- Welche Gefühle haben Sie gehabt, wenn andere
  Teilnehmer Ihre Ideen korrigiert haben?
- In welcher Rolle fanden Sie sich in dieser Gruppe wieder?
- Sind Sie mit dem Gruppenergebnis zufrieden?

Fragen zur Selbstreflexion nach der 2. Runde:

- War das Spiel eher von Kooperation oder von
  Konkurrenz geprägt?
- Konnten alle zu jeder Zeit das Produkt mitbestimmen?
- Gab es Spezialisten?
- Auf welche Weise haben Sie sich in der Gruppe bei
  Problemen geeinigt?
- Haben Sie eine neue Rolle ausprobiert?

Fragen zur Selbstreflexion nach der 3. Runde:

- War es für Sie schwierig, nicht zu kommunizieren?
- Gab es Aussteiger?
- Wie und von wem wurde das Produkt für fertig erklärt?
- Sind Sie mit Ihrer Rolle in dieser Gruppenarbeit zufrieden?
- Kennen Sie Ihre Rolle aus diesem Spiel auch aus anderen
  Situationen im Alltag?

28 Prozesse reflektieren: Rolle in der Gruppe

Ziele und Überblick

- die eigene Rolle wahrnehmen
- die Einschätzung des Gruppenprozesses für alle Mitglieder transparent machen
- Mitverantwortung für die Entwicklung der Gruppe übernehmen

A Bewertung des Gruppenprozesses
B Auswertung der Ergebnisse

Kontext

Schüler können dann erfolgreich und mit Freude in der Schule lernen, wenn sie ihre Fähigkeiten zur Arbeit in Gruppen selbstkritisch einschätzen und weiterentwickeln können, denn das Lernen in der Schule erfolgt fast durchgehend in größeren oder kleineren Gruppen. Deshalb müssen Schüler lernen, die Prozesse, die im Team ablaufen, genau wahrzunehmen, damit sie gegebenenfalls selbst eingreifen und sie verändern können. Dafür brauchen die Schüler handhabbare Verfahren, die jeweils aktuelle Gruppensituation einzuschätzen und die Wahrnehmung einander rückzumelden. Die Schüler erfahren dabei, wie die Sach- und Beziehungsebene bei allen Formen des Lernens aufeinander bezogen und voneinander abhängig sind. Die Verantwortung für den eigenen Teil der Gruppenarbeit zu übernehmen und sich in Gruppen entsprechend aktiv zu verhalten, trägt zugleich dazu bei, die Selbstkompetenz der Schüler zu entwickeln, zumal es hier in hohem Maße um das Wechselspiel von Selbst- und Fremdwahrnehmung geht. Für den Lehrer ist es wichtig, die Situation der Gruppe zu analysieren, weil ihm dies einen Eindruck vom Standort und von der Entwicklung der Lerngruppe vermittelt, den er berücksichtigen wird, wenn er den Unterricht plant. Dieser Baustein setzt den Akzent auf den Verlauf der Gruppen**entwicklung** innerhalb einer Unterrichtsphase von mehreren Tagen.

Durch die gewählte Methode werden Momentaufnahmen der Gruppensituation auf einer Metaebene anschaulich gemacht. So wird neben der inhaltlichen Arbeit die Dynamik von Gruppen selbst zum Gegenstand der Reflexion. Im Unterrichtsalltag ist allerdings nicht realistisch, **alle** Aspekte von Gruppenprozessen in den Blick zu nehmen oder beeinflussen zu wollen. Sich auf fünf bis sechs Punkte zu konzentrieren, vermittelt aber die Sicherheit, dass eine Analyse des Gruppenprozesses leistbar ist.

Medien

Thema	Anlage	Titel	Form / Material
A	✓	Reflexionskreis	Vorlage für Wandzeitung / große Wandzeitung, Klebepunkte in fünf Farben (je Tag und Schüler ein Punkt)

Themenfolge

A   Bewertung des Gruppenprozesses

Bei mehrtägigen Projekten, in Blockveranstaltungen, Seminaren oder im Blick auf eine Unterrichtseinheit, in der die Schüler über mehrere Tage in Kleingruppen selbstständig arbeiten, kann über die Methode der Punktwertung dokumentiert werden, wie sich die Prozesse in der Lerngruppe entwickeln. Jeder Schüler erhält täglich Klebepunkte entsprechend der Anzahl von Kategorien. Für jeden Tag wird jeweils eine unterschiedliche Farbe der Klebepunkte verwendet. Am Ende eines Unterrichtstages oder -abschnitts kleben die Teilnehmer – alle gleichzeitig und zügig – ihre Punkte je vorgegebener Kategorie in eine Skala von Zustimmung beziehungsweise Nähe zum Ziel bis Ablehnung beziehungsweise Entfernung zum Ziel auf eine vom Lehrer vorbereitete Wandzeitung. Die Fragen für die Kategorien des Reflexionskreises (Anlage 1) richten sich nach der Art des Projektes und nach dem Interesse an einer solchen Rückmeldung. Sie sollten vorweg mit den Schülern gemeinsam festgelegt werden, zum Beispiel:
■ Die Arbeit wurde nicht durch Einzelne dominiert.
■ Ich fühlte mich in meiner Rolle sicher und wohl.

Ich habe die Hilfen erhalten, die ich brauchte.

Wir unterstützten uns gegenseitig bei der Arbeit.

Ich konnte meine Fähigkeiten einbringen.

B Auswertung der Ergebnisse

Mit der gewählten Methode erhält man jeden Tag ein informatives Stimmungsbarometer. Die aufgeklebten Ergebnisse werden nicht nur am Ende der Gruppenarbeit, sondern auch zwischendurch in der Lerngruppe angesprochen, damit deutlich wird, dass nicht nur der Lehrer Verantwortung für die Entwicklung der Gruppe hat und die ablaufenden Prozesse beeinflussbar sind. Der Lehrer sollte die Gewissheit vermitteln, dass negative Rückmeldungen für die Gruppe nicht bedrohlich sind, sondern als Impulse verstanden werden, in und mit der Gruppe nach Möglichkeiten der Veränderung zu suchen. Oft werden wichtige soziale Lernerfahrungen dadurch verhindert, dass alle Gruppenmitglieder (und der Lehrer) Krisen verdecken und schnelle (Kompromiss-)Lösungen suchen. Weil Beurteilungskriterien vorgegeben sind, verliert sich die Auswertung nicht in einem diffusen Gruppengefühl. Jedes bepunktete Kriterium eröffnet die Möglichkeit, konkrete Veränderungen zu vereinbaren. Die Einschätzung am nächsten Tag wird zeigen, inwiefern diese erfolgreich waren.

Querverweise

Baustein 27: Teamarbeit entwickeln
Baustein 30: Konflikte bearbeiten

 28

Prozesse reflektieren Anlage

Reflexionskreis

Die Arbeit wurde nicht durch Einzelne dominiert

Ich konnte meine Fähigkeiten einbringen

Ich fühlte mich in meiner Rolle sicher und wohl

Wir unterstützten uns gegenseitig bei der Arbeit

Ich habe die Hilfen erhalten, die ich brauchte

1. Tag 2. Tag 3. Tag 4. Tag 5. Tag

29 Regeln beachten: Interessenkonflikte

Ziele und Überblick

- das Nichtbeachten von Regeln im Unterricht bewusst machen
- verschiedene Perspektiven und Reaktionen der Beteiligten bedenken
- Lösungswege bei Interessenkonflikten entwickeln

A Hinführung

B Auseinandersetzung mit Szenarien

C Präsentation der Gruppenergebnisse

D Vergleich mit der eigenen Unterrichtserfahrung

Kontext

Wenn es Interessenkonflikte zwischen einer Lerngruppe und einem Lehrer gibt, können Problemsituationen mit verschiedenen Methoden aufgegriffen werden, um Gesprächsanlass zu bieten und ein Problembewusstsein zu erzielen, bei dem mehrere Perspektiven zu Wort kommen. Interaktionsspiele, Psychodramen, Rollenspiele und fiktive Szenarien erfüllen zum Beispiel diese Funktion, können zur Konfliktregelung beitragen und die Schüler in Selbst- und Sozialkompetenz einüben. Dieser Baustein bezieht sich auf etwa folgende typische Unterrichtssituationen:

1. Die Schülerinnen und Schüler einer Klasse unterhalten sich angeregt trotz Stundenbeginns in Kleingruppen im Unterrichtsraum, obwohl der Lehrer bereits anwesend ist und klare Signale gibt, beginnen zu wollen.

2. Während der Unterrichtsarbeit gibt es störende Zwischengespräche, sodass Lehrer sich über die mangelnde Mitgestaltung des Unterrichts und die fehlende Konzentration auf den Inhalt des Unterrichts beklagen.

Dieser Baustein stellt Materialien für die Bearbeitung der beschriebenen Situationen vor. Sein Einsatz ist mit entsprechenden Veränderungen auch für andere Lerngruppen beziehungsweise Themen sinnvoll.

Medien

Thema	Anlage	Titel	Form
B / **C**	1	Szenario: Unterrichtsbeginn	ein Exemplar je Kleingruppe
B / **C**	2	Szenario: Unterrichtsstörung	ein Exemplar je Kleingruppe

Themenfolge

A   Hinführung

Lehrerhinweis: „Heute möchte ich Sie mit zwei typischen Unterrichtssituationen konfrontieren und von Ihnen erfahren, wie Sie das sehen. Dazu werden Sie sich gleich in Kleingruppen in verschiedene Figuren hineindenken."

B   Auseinandersetzung mit Szenarien

Die Arbeit sollte in Kleingruppen von etwa fünf Schülern erfolgen. Die Gruppen werden vom Lehrer bestimmt. Andernfalls besteht die Gefahr, dass Freundschaftsgruppen einer Klasse, die gleichzeitig meistens die Gesprächsgruppen bilden, zusammenbleiben. Dieses Modell ist mehrperspektivisch angelegt, deshalb sollen möglichst unterschiedliche Teilgruppen einer Klasse vertreten sein. Zwei Gruppen bearbeiten das Thema „Unterrichtsbeginn" (Anlage 1), zwei andere das Thema „Unterrichtsstörung" (Anlage 2) entsprechend den gegebenen Instruktionen.
1. Die Schüler stellen sich die Situation möglichst anschaulich vor und benennen das dargestellte Problem.
2. Sie stellen Vermutungen über das Verhalten, die Reaktion und die Ursachen aus Sicht der beteiligten Figuren an.
3. Sie entwickeln für den weiteren Verlauf Lösungsideen.

C   Präsentation der Gruppenergebnisse

Die Präsentation der Gruppenergebnisse erfolgt entsprechend den Vorgaben auf den Arbeitsblättern:
1. Die Kleingruppen stellen die Szenarien vor.

2. Das dargestellte Problem wird skizziert und die Sichtweise des Beteiligten in dem Szenario beleuchtet. Die Schüler vertreten ihre Überlegungen aus der jeweiligen Rolle heraus.

3. Die Gruppe trägt vor, wie die Interessenkonflikte gelöst werden könnten.

4. Im Plenum wird über ihre Lösungsvorschläge diskutiert.

D   Vergleich mit der eigenen Unterrichtserfahrung

Nachdem alle Gruppenergebnisse präsentiert sind, kann die Gesprächsebene gewechselt werden. Möglicherweise kommt schon von Schülerseite der Hinweis, dass ihnen die Szenarien aus ihrem Schulalltag vertraut sind. Dann werden auf der Metaebene die wesentlichen Folgerungen abgeleitet und auf die eigene Schulsituation übertragen. Damit die Bearbeitung der Szenarien nicht folgenlos bleibt, formulieren die Schüler abschließend im Sinne der Selbstverantwortung mögliche Vereinbarungen zur Unterrichtsmitarbeit selbst.

Querverweise

Baustein 25: Andere verstehen
Baustein 30: Konflikte bearbeiten

Anlage 2

Szenario: Unterrichtsstörung

Mittwoch 5./6. Stunde, Unterricht im Klassenraum: Die Klasse ist unruhig und nimmt jede Gelegenheit wahr, Nebengespräche zu führen. Dadurch wird der Unterricht gestört, einige Schüler sind besonders beteiligt. Trotz freundlicher und klarer Hinweise der Lehrerin gibt es keine Veränderungen, die Unruhe steigert sich sogar und der Unterricht wird für alle Beteiligten anstrengend.

Vorbereitung

Verteilen Sie folgende Rollen, aus deren Perspektive Sie das Szenario bearbeiten:

- in Zwischengespräche mit Nachbarinnen verwickelte Schülerin
- um Aufmerksamkeit und Konzentration bemühter Schüler
- unterrichtende Lehrerin

Auseinandersetzung mit den Rollen

Stellen Sie sich die Situation möglichst anschaulich vor und fühlen Sie sich in Ihre Rolle ein.
Fragen Sie sich: „Warum reagiere ich in dieser Weise?" Äußern Sie Ihre Beweggründe.
Entwickeln Sie eine Lösungsidee für den weiteren Verlauf der oben geschilderten Situation.

Präsentation der Gruppenergebnisse

Stellen Sie die Ausgangssituation und Ihre Ergebnisse der Auseinandersetzung mit den verschiedenen Rollen im Plenum vor. Argumentieren Sie aus der Rolle, die Sie in der Kleingruppe übernommen hatten.

Anlage 1

Szenario: Unterrichtsbeginn

Klassenraum: Die Klasse unterhält sich angeregt in Kleingruppen. Pünktlich nach der fünfminütigen Pause betritt der Lehrer den Raum und möchte mit seinem Unterricht beginnen.
Schüler und Schülerinnen reden in Gruppen weiter. Selbst nach freundlichem, aber deutlichem Signal des Lehrers verändert sich nichts, einige reden in Gruppen weiter. Dieser Unterrichtsbeginn wiederholt sich.

Vorbereitung

Verteilen Sie folgende Rollen, aus deren Perspektive Sie das Szenario bearbeiten

- Schülerin
- Schüler
- Lehrer

Auseinandersetzung mit den Rollen

Stellen Sie sich die Situation möglichst anschaulich vor und fühlen Sie sich in Ihre Rolle ein.
Fragen Sie sich: „Warum reagiere ich in dieser Weise?"
Äußern Sie Ihre Beweggründe.
Entwickeln Sie eine Lösungsidee für den weiteren Verlauf der oben geschilderten Situation.

Präsentation der Gruppenergebnisse

Stellen Sie die Ausgangssituation und Ihre Ergebnisse der Auseinandersetzung mit den verschiedenen Rollen im Plenum vor. Argumentieren Sie aus der Rolle, die Sie in der Kleingruppe übernommen hatten.

30 Konflikte bearbeiten: Lösungen suchen

Ziele und Überblick

- Konfliktthemen bestimmen und Probleme beschreiben
- Sichtweisen der Konfliktparteien klären
- Konfliktlösungsideen entwickeln

A Beschreibung von Problemen
B Klärung von Sichtweisen
C Entwicklung von Lösungsansätzen

Kontext

Mit diesem Baustein wird nicht der Anspruch erhoben, in einem kurzen Unterrichtsblock das vermitteln zu können, was in mehrtägigem Training zur Mediation geschult wird. Aber Konflikte moderieren zu können, ist eine geschätzte Fähigkeit, die schon in der Schule, dem Studium oder der betrieblichen Ausbildung gebraucht wird. Wer über entsprechendes Methodenwerkzeug verfügt, kann helfen, Konflikte zu bearbeiten und diese nicht destruktiv wirken zu lassen. In jeder Lern-, Arbeits- oder Freizeitgruppe gehören Konflikte zum Alltag, sie machen sogar ein notwendiges Stadium jeder Gruppenentwicklung aus. Trotzdem wirken sie auf die unmittelbar Beteiligten meist belastend. Ungelöst können sie die Leistung jeder Gruppe wesentlich beeinträchtigen. Es ist deshalb sinnvoll, im Rahmen der Lernkompetenz mit Schülern Basisfähigkeiten zu erarbeiten, wie man sich bei Gruppenkonflikten hilfreich verhält. Das kann geübt werden mit gruppendynamischen Methoden, die von der Selbsterfahrung der Lerngruppe in jeweils aktuellen Konfliktsituationen ausgehen. Dazu gibt es in der Literatur zahlreiche Übungsvorschläge, die für den Schulgebrauch geeignet sind (vgl. STANFORD 1993; VOPEL 2001).

Mit diesem Baustein soll ein indirekter Weg beschritten werden. Ausgehend von fiktiven Lebenssituationen Jugendlicher werden Hintergründe von Problemsituationen aufgezeigt und Techniken zur Konfliktklärung vermittelt, wie sie für die schulische Arbeit unter dem Begriff der Mediation bekannt sind (vgl. WALKER 2001). Diese können Schüler dann in einem weiteren Schritt auf sich selbst beziehen und in anderen Situationen des schulischen oder privaten Lebens eigenständig ausprobieren.

Medien

Thema	Anlage	Titel	Form / Material
Ⓐ	1	Was ist das Problem?	Folie
Ⓑ	2	Spielanleitung: Sichtweisen klären	Kopie je Schüler
	3	Impulse für den Moderator	auf einzelnen Moderationskarten notierte Hinweise
Ⓒ			Plakatkarton, Klebepunkte

Themenfolge

Ⓐ   Beschreibung von Problemen

Ein häufiger Fehler bei der Bearbeitung von Konflikten ist, eine nur diffus benannte Problemsituation (zum Beispiel Missstimmung zwischen mehreren Personen) schon für das Konfliktthema zu halten. Dem muss man mit einer genauen Situationsanalyse begegnen. Es werden dazu in der Klasse Problemsituationen aus dem schulischen und privaten Umfeld der Schüler gesammelt, die näher analysiert werden sollen. Möglich wären etwa:

- Uneinigkeit zwischen einem Elternteil und einem Lehrer über die Kosten der nächsten Studienfahrt;

- ein Schüler kommt zu spät aus der Pause zurück in den Unterrichtsraum;

- zwei Jugendliche geraten in gereizte Stimmung wegen unterschiedlicher Pläne für die Wochenendgestaltung.

In Kleingruppen finden sich die Schüler zu einer ausgewählten Konfliktsituation zusammen und arbeiten nach den Vorgaben in Anlage 1 präzise heraus, welche Probleme die Beteiligten mit der Situation haben können. Das Ergebnis wird von jeder Gruppe dargestellt, indem die einzelnen Konfliktpartner nacheinander laut Selbstgespräche führen, in denen formuliert ist, in welcher Hinsicht die Einzelnen mit der Situation ein Problem haben. Warum belastet sie das Verhalten der anderen überhaupt? Deutlich werden soll für die Schüler, dass Problemlösungsversuche nur auf einer genauen Analyse der Wahrnehmungen, Einschätzungen und Erfahrungen der am Konflikt beteiligten Personen eine Chance haben und dass die Problembeschreibung der einzelnen Konfliktpartner in der Regel unterschiedlich ist. Dafür sensibilisiert zu sein, macht eine Grundqualifikation bei der Bearbeitung von Konflikten innerhalb und außerhalb von Schule aus (vgl. v. Schlippe 2007, S. 102 ff.). Da die Beteiligten in vielen Streitsituationen die Klärung der Sichtweisen allein nicht leisten können und das Gedachte, Befürchtete und Gehoffte nicht ausgesprochen wird, ist oft ein Dritter als moderierende Person hilfreich. Das ist Thema im nächsten Schritt.

B   Klärung von Sichtweisen

Mit der folgenden Übung wird den Schülern ein Modell vor Augen geführt, wie man die unterschiedlichen Sichtweisen der Konfliktparteien klären kann (vgl. REDLICH 1997). Der Lehrer muss den Schülern deutlich machen, dass es in dieser Übung noch nicht um Lösungen geht, sondern (nur) um Klärung der vorhandenen Sichtweisen derjenigen, die den Konflikt haben. Das Aufschieben von vorschnellen Lösungen gilt als eines der wichtigsten Mittel, Konflikte wirklich hilfreich zu bearbeiten. Es geht um ein klar strukturiertes Gespräch über die zuvor ausgewählte Konfliktsituation mit einer bewusst gestalteten Sitzordnung und Rollenverteilung (vgl. Anlage 2). Zwei Schüler spielen die Konfliktpartner A und X, ein dritter fungiert als Moderator (M), die übrigen Schüler nehmen die Rolle von weiteren Beteiligten oder Freunden der Konfliktpartner (A1/X1) ein, hören aufmerksam zu, bringen ihre Sichtweise aber nur ein, wenn der Moderator sie dazu auffordert. Der Moderator hat die wichtigste Aufgabe. Auf einzelnen Moderationskarten (vgl. Anlage 3) sind für ihn Hinweise und Fragen zu seiner Unterstützung notiert. Sinnvoll ist, diese Rolle im Laufe des Spiels nacheinander mehreren Schülern zu übertragen, damit sie sich in der Moderation von Konflikten üben können. Zur Einstimmung auf die zu spielenden Rollen ist eine kurze Vorbereitungszeit für die Akteure empfehlenswert. Wenn verständlich und durchschaubar geworden ist, worum es den Kontrahenten geht, unterbricht der Lehrer das Spiel, und die ganze Klasse versucht aus dem, was die Gruppe vorgespielt hat, den aktuellen Stand der erreichten Klärung abzuleiten:

▨ Was ist nicht strittig?
▨ Welche Konfliktpunkte sind deutlich?
▨ Was müsste oder könnte als Erstes angegangen werden?

C   Entwicklung von Lösungsansätzen

Erst im letzten Schritt werden mögliche Lösungen für den dargestellten Streitpunkt erarbeitet. Es muss verhandelt werden, welche Regelungen für die Zukunft getroffen werden können. Das ist ein kreativer Prozess, weil mehr angezielt wird als einfache Kompromisse oder gar Abstimmungsverfahren. Mit der Methode des Brainstormings „Welche Lösungsmöglichkeiten für den Konflikt entdecken Sie?" können die einzelnen „Konflikt"-Gruppen der Klasse nach Win-Win-Lösungen suchen, das heißt, etwas Neues und Besseres als die alte Situation entdecken, bei der beide Seiten etwas gewinnen oder – als Minimum – gleich viel verlieren. Die an einer Pinnwand auf Plakatkarton von jeder Gruppe veröffentlichten Vorschläge werden erläutert und danach befragt, welche konkreten Handlungsschritte sich aus ihnen ergeben. Wenn die einzelnen Vorschläge durchgehend nummeriert werden, können die Ideen mit der Methode des Punktklebens bewertet werden: Jeder Schüler verteilt drei Klebepunkte auf die Lösungsideen seiner Wahl. Abschließend werden die Kriterien für diese Beurteilung besprochen und zusammenfassend überlegt die Lerngruppe, welche Einsichten die spielerischen Übungen gebracht haben und inwiefern das Gelernte auf die Praxis innerhalb und außerhalb von Schule zu übertragen ist.

Querverweise

Baustein 25: Andere verstehen
Baustein 26: Feedback geben

 **Konflikte bearbeiten**   **Anlage 1**

Was ist das Problem?

1. Wählen Sie eine Konfliktsituation aus, die Sie näher untersuchen wollen. Verständigen Sie sich untereinander genau über diese Situation. Wer ist in welcher Position beteiligt? Welche Ansichten vertreten die Einzelnen mit welchen Argumenten?

2. Arbeiten Sie heraus, inwiefern diese Situation für die einzelnen Beteiligten ein Problem ist. Was befürchten, hoffen, wünschen Sie?

3. Stellen Sie das Ergebnis Ihrer Überlegungen dar, indem Sie die Figuren Selbstgespräche führen lassen. Schlüpfen Sie in die Rolle der Konfliktpartner und formulieren Sie deren innere Monologe laut.

Konflikte bearbeiten Anlage 2

Spielanleitung: Sichtweisen klären

Stellen Sie zu dem ausgewählten Konflikt spielerisch eine klar strukturierte Klärung der Sichtweisen der Beteiligten nach der aufgezeichneten Sitzordnung dar.

Der Dialog findet nur zwischen Konfliktpartner A beziehungsweise X und dem Moderator M statt. Der Moderator klärt zunächst, was A denkt, will und fühlt. X und alle Übrigen hören nur aufmerksam zu. Erst im zweiten Schritt geht es um Einstellungen, Wünsche und Gefühle von X, während die Übrigen wieder zuhören. Die anderen Mitschüler bringen ihre Sichtweise nur ein, wenn der Moderator sie dazu auffordert, weil andere Sichtweisen eventuell das Problem klären helfen. Erst nach und nach wird das Gespräch geöffnet, sodass die Streitenden direkt aufeinander reagieren.
Der Moderator sorgt für die Einhaltung der Fairnessregeln.
Beachten Sie:
Es geht in dieser Übung nicht um Lösungen, sondern (nur) um die Klärung über die vorhandenen Sichtweisen derjenigen, die den Konflikt haben!

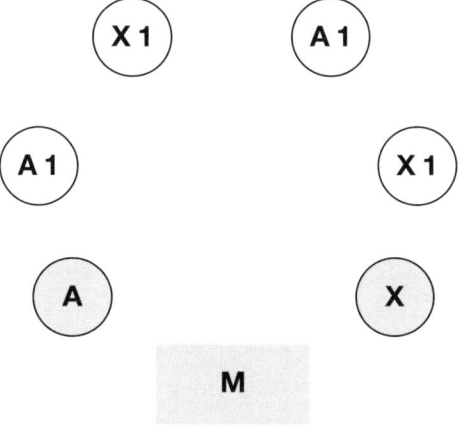

Konflikte bearbeiten   **Anlage 3**

Impulse für den Moderator

Ihre Aufgabe als Moderator besteht darin, ein Konfliktgespräch zwischen den Beteiligten A und X zu moderieren und mit ihnen gemeinsam eine möglichst für alle akzeptable Lösung zu suchen.

Achten Sie beim Gespräch auf die Einhaltung folgender Regeln:

- Sie führen das Gespräch unter Beisein von Person X zunächst nur mit Person A, dann mit Person X, kehren dann wieder zu A zurück und so weiter.
- Sie sorgen dafür, dass A und X ihre Sichtweisen in Ruhe vortragen können, ohne vom anderen unterbrochen zu werden.
- Sie achten darauf, dass die übrigen Gruppenmitglieder sich nicht ungefragt ins Gespräch einschalten.
- Sie fassen zusammen, wenn Sie das Gefühl haben, ein Punkt sei deutlich geworden.

Folgende Fragen kreisen um die Einstellungen der Partner und können Ihnen bei der Moderation hilfreich sein:

- Was denken Sie im Zusammenhang mit dem Konflikt?
- Wie bewerten Sie das, was A (bzw. X) vorhin gesagt hat?
- Worin liegt für Sie der Kernpunkt des Problems?
- Welche Gefühle haben Sie, wenn Sie an diesen Konflikt denken?
- Was sind für Sie die wichtigsten Punkte in diesem Streit?
- Was wünschen Sie sich von diesem Konfliktgespräch?
- Was spielt Ihrer Meinung nach alles eine Rolle?
- Was ist Ihnen das Wichtigste bei diesem Streit?
- Wie sehen Sie die Beziehung zwischen sich und Ihrem Konfliktpartner?

Schlusswort: Lernen-
lernen evaluieren

An der Entwicklung der Selbst-, Methoden- und Sozialkompetenz von Schülern wirken viele Lehrer mit. Sie haben trotz des gleichen Ziels verschiedene Einstellungen, Erwartungen und machen unterschiedliche Erfahrungen beim Versuch, das Lernen zu lehren. Um das vorliegende Konzept an die schulischen Rahmenbedingungen und die persönlichen Interessen der beteiligten Schüler wie Lehrer immer neu anpassen und optimieren zu können, ist eine strukturierte Evaluation hilfreich. Wie diese mit Schülern zu verschiedenen Themen durchgeführt werden kann, zeigen eine Reihe von Bausteinen in diesem Praxishandbuch. An dieser Stelle geht es nun um die Rückmeldung zur Vermittlung von Lernkompetenz von beteiligten Kolleginnen und Kollegen. Diese sollen nicht in einem Fragebogen bestimmte Items ankreuzen, die statistisch ausgewertet werden, sondern einigen Lehrern, welche die Evaluation aufbereiten wollen, berichten und beschreiben, wie sie den Unterricht erlebt haben. Denn das Ziel ist nicht ein Stimmungsbarometer oder eine statistische Erhebung von Daten, sondern die Suche nach Gemeinsamkeiten in unterschiedlichen Perspektiven und Erfahrungen sowie die Weiterentwicklung des Curriculums.

A   Befragung der Kolleginnen und Kollegen

Die Methode ist ein abgewandeltes Leitfadeninterview (vgl. Langer 2001): Vorher fixierte Fragen zur Vermittlung von Lernkompetenz werden mündlich oder schriftlich den Lehrern gestellt, die Erfahrungen mit den vorgelegten Bausteinen im Unterricht der Sekundarstufe II gesammelt haben.
Die Fragen bieten sechs verschiedene Zugänge:
1. eigene Unterrichtserfahrungen,
2. den Rückblick auf positive und negative Erfahrungen,
3. die wahrgenommene Entwicklung des Unterrichts von den Anfängen bis zum jetzigen Zeitpunkt,
4. die Schilderung der Möglichkeiten, die für die Zukunft gesehen werden,
5. die Formulierung von Chancen und Grenzen dieses Ansatzes,
6. eine Abschlussbemerkung.

Anlage 1 enthält einen Beispielkatalog von Fragen, die jeweils an die eigene schulische Situation angepasst werden sollten.

B   Auswertung

Das Ziel der Auswertung besteht darin, Gemeinsamkeiten und Zusammenhänge zwischen den Antworten herauszuarbeiten. Dafür bietet sich eine moderierte Sitzung an, bei der zusammen mit allen, die den Fragebogen ausgefüllt haben, die Antworten gesichtet werden. Kernaussagen, die ähnliche Positionen auf den Punkt bringen, dienen als Überschriften. Diese werden wiederum zueinander in Beziehung gesetzt. Das Ergebnis wird an Moderationswänden visualisiert. Die einzelnen Punkte können mit konkreten Äußerungen aus den Interviews – auf Moderationskarten notiert – erläutert und anschaulich gemacht werden. Eine solche Präsentation ist die Grundlage für das Auswertungsgespräch mit den beteiligten und an der Weiterentwicklung interessierten Kolleginnen und Kollegen. Am Schluss werden Abmachungen getroffen, wer an welchem Thema mit wem weiterarbeiten möchte, um aktualisierte Bausteine und Materialien vorzulegen.

Evaluation **Anlage**

Interviewfragen zur Vermittlung von Lernkompetenz

1. Was ist das Typische am Unterricht im Lernenlernen? Beschreiben Sie bitte aus Ihrer Erfahrung den charakteristischen Verlauf einer Stunde.

2. Was erleben Sie als positiv an diesem Unterricht? Gab es ein besonders interessantes Erlebnis für Sie?
   Was empfinden Sie als negativ daran, wie dieser Unterricht zurzeit läuft? Gibt es dafür eine bezeichnende Erfahrung?

3. Hat sich für Sie zwischen den ersten Unterrichtsstunden im Lernenlernen und heute etwas geändert? War vor diesem Unterricht irgendetwas anders?

4. Wie könnte Ihrer Meinung nach der Unterricht im Lernenlernen effektiver und für Schüler wie Lehrer interessanter werden? Denken Sie an inhaltliche, methodische und organisatorische Bedingungen.

5. Nehmen Sie einmal an, es gäbe keine einschränkenden Bedingungen. Wie sieht Ihre Vision von der idealen Vermittlung von Selbst-, Methoden- und Sozialkompetenz aus?

6. Zum Schluss: Was möchten Sie zum Unterricht im Lernenlernen noch anmerken?

Literatur

BOHL, THORSTEN: Prüfen und Bewerten im Offenen Unterricht, Weinheim/ Basel: Beltz 2006

BÖCKER, LISA: Sprache im Gebrauch: *Vielfalt und Normierung,* herausgegeben von Dietrich Erlach und Bernd Schurf, Berlin: Cornelsen 2001 (= Kursthemen Deutsch)

BRAUKMANN, WERNER: Facharbeit. Oberstufe, Berlin: Cornelsen Scriptor 2007 (Pocket Teacher Abi)

BRENNER, GERD: METHODENTRAINING: Projekt *Medien und Meinungsbildung.* Dietrich Erlach und Bernd Schurf (Hg.), Berlin: Cornelsen 2002 (= Kursthemen Deutsch)

BÜNTING, KARL-DIETER/BITTERLICH, AXEL/POSPIECH, ULRIKE: Schreiben im Studium: Mit Erfolg. Ein Leitfaden, Berlin: Cornelsen Scriptor 3. Aufl. 2002

FRANCK, NORBERT: Fit fürs Studium. Erfolgreich lesen, reden, schreiben, München: Deutscher Taschenbuch Verlag, 3. Aufl. 1999

GIERLACH, HEINZ: Mit Sachtexten umgehen. Textdesign – Textbild und Textinhalt, in: DeutschExtra. Das Magazin für den Deutschunterricht, Herbst/Winter 2002 (Cornelsen)

GORA, STEPHAN: Schule der Rhetorik. Ein Lese- und Arbeitsbuch, Leipzig: Klett 2001

GRUNDER, HANS-ULRICH/BOHL, THORSTEN/BROSZAT, KARIN: Neue Lernformen – neue Beurteilungsformen?! Acht Handlungsschritte zur Durchführung einer schülerorientierten und kriterienbezogenen Leistungsbeurteilung, in: Pädagogik, Heft 11/Nov. 2001, S. 45–48

Gruppenarbeit: Themenzentriert. Entwicklungsgeschichte, Kritik und Methodenreflexion, Mainz: Matthias-Günewald 1987

HAUBRICH, HARTWIG: Lernbox Geographie – Das Methodenbuch, Seelze-Velber: Friedrich 2001

HEUERMANN, ALFONS/KRÜTZKAMP, MARITA: Gestalterische Begegnungen mit einer modernen Erzählung – Cees Nootebooms ,Mokusei!'. Ein fächerkoordinierendes Projekt für Kunst und Deutsch (Oberstufe), in: RAAbits Kunst, III, Projekt 6, Stuttgart: RAABE, März 1998

HUBER, LUDWIG: Den eigenen Stil finden, in: Horst, Uwe/Ohly, Karl Peter (Hg.): Lernbox. Lernmethoden – Arbeitstechniken, Seelze-Velber: Friedrich, 2. Aufl. 2001

KLIPPERT, HEINZ: Methoden-Training. Übungsbausteine für den Unterricht, Weinheim und Basel: Beltz, 17. überarb. Auflage 2007

KOLOSSA, BERND: Methodentrainer. Arbeitsbuch für die Sekundarstufe II. Gesellschaftswissenschaften, Berlin: Cornelsen 2000

KROLL, SIBYLLE: Richtig lernen. Oberstufe, Freising: Stark 2003

LANGER, ROMAN: Interviews durchführen und auswerten. Leitfadeninterviews als Evaluationsinstrument, in: PÄDAGOGIK 11/2001, S. 25–27

MELZER, WOLFGANG/AL-DIBAN, SABINE: Vermittlung von Fachleistungs-, Sozial- und Selbstkompetenz als zentrale Bildungsaufgabe von Schule, in: Melzer, Wolfgang/Sandfuchs, Uwe (Hg.): Was Schule leistet. Funktionen und Aufgaben von Schule, Weinheim/München: Juventa 2001, S. 37–64

METZGER, CHRISTOPH: Wie lerne ich? Eine Anleitung zum erfolgreichen Lernen, Aarau: Sauerländer, 4. überarb. Aufl. 2001

MEYER, HILBERT: Unterrichtsmethoden II, Berlin: Cornelsen Scriptor, 10. Aufl. 2003

MEYER, HILBERT: Was ist guter Unterricht? Berlin: Cornelsen Scriptor 2004

PHILIPP, ELMAR: Gute Schule verwirklichen. Ein Arbeitsbuch mit Methoden, Übungen und Beispielen der Organisationsentwicklung, Weinheim und Basel: Beltz, 4. neu ausgestattete Aufl. 1996

PÖRKSEN, BERNHARD: Die Gewissheit der Ungewissheit. Gespräche zum Konstruktivismus, Heidelberg: Carl-Auer-Systeme 2002

Realschule Enger (Hg.): Lernkompetenz II. Bausteine für eigenständiges Lernen 7. bis 9. Schuljahr, Neubearbeitung, Berlin: Cornelsen Scriptor 2005

REDLICH, ALEXANDER: Konflikt-Moderation. Handlungsstrategien für alle, die mit Gruppen arbeiten. Mit vier Fallbeispielen, Hamburg: Windmühle 1997 (= Moderation in der Praxis, Bd. 2)

REICH, KERSTEN: Konstruktivistische Didaktik. Mit CD-ROM. Lehr- und Studienbuch, Weinheim/Basel: Beltz 2006

SCHLIPPE VON, ARIST/SCHWEITZER, JOCHEN: Lehrbuch der systemischen Therapie und Beratung, Göttingen: Vandenhoeck & Ruprecht, 10. Auflage 2007

SCHRÄDER-NAEF, REGULA: Lerntraining in der Schule. Voraussetzungen – Erfahrungen – Beispiele, Weinheim/Basel: Beltz 2002

SCHULZ V. THUN, FRIEDEMANN: Miteinander reden 1. Störungen und Klärungen. Allgemeine Psychologie der Kommunikation, Reinbek: Rowohlt Taschenbuch Verlag, 450.–499.Tsd. 1994

SIMON, WALTER: Lust aufs Neue. Werkzeuge für das Innovationsmanagement. Mit einem Vorwort von Rolf Berth, Offenbach: GABAL 1999

SPRENGER, IKE: Den Zeitdieben auf der Spur. Anregungen zum persönlichen Zeitmanagement, in: Lernende Schule 12/2000, S. 43–50

SPRENGER, REINHARD K.: Das Prinzip Selbstverantwortung. Wege zur Motivation. Mit Karikaturen von Thomas Plaßmann, Frankfurt/M./New York: Campus, 10. Aufl. 2000

SPRENGER, REINHARD K.: Die Entscheidung liegt bei dir! Wege aus der alltäglichen Unzufriedenheit, Frankfurt/M./New York: Campus, 12. Aufl. 2003

STANAT, PETRA/KUNTER, MAREIKE: Kooperation und Kommunikation, in: Deutsches PISA-Konsortium (Hg.): PISA 2000. Basiskompetenzen von Schülerinnen und Schülern im internationalen Vergleich, Opladen: Leske + Budrich 2001, S. 299–322

STANFORD, GENE: Gruppenentwicklung im Klassenraum und anderswo. Praktische Anleitung für Lehrer und Erzieher. Herausgegeben, überarbeitet und kommentiert von G. Schreiner, Aachen: Hahner Verlagsgesellschaft, 3. Aufl. 1993

STEINER, VERENA: Exploratives Lernen. Zürich: Pendo Verlag AG, 4. Aufl. 2000

STICKEL-WOLF, CHRISTINE/WOLF, JOACHIM: Wissenschaftliches Arbeiten und Lerntechniken. Erfolgreich studieren - gewusst wie! Wiesbaden: Gabler, 4. überarb. Auflage 2006

VOPEL, KLAUS W.: Interaktionsspiele für Jugendliche. Teil 1, Hamburg: iskopress, 2. Aufl. 1984

VOPEL, KLAUS W.: Kreative Konfliktlösung. Spiele für Arbeitsgruppen und Trainings, Hamburg: iskopress 2001

WALKER, JAMIE (Hg.): Mediation in der Schule. Konflikte lösen in der Sekundarstufe I, Berlin: Cornelsen Scriptor 2001

WELLHÖFER, PETER R.: Gruppendynamik und soziales Lernen. Theorie und Praxis der Arbeit mit Gruppen. 35 Abbildungen, Stuttgart: Enke 1993

WINKLER, HANS-JÜRGEN/WOLFF, VOLKER: Abitur-Training Biologie. Grundlagen, Arbeitstechniken und Methoden, Freising: Stark 2001

WINTER, FELIX: Auf dem Weg zu einer Feedback-Kultur im Klassenzimmer, in: Lernende Schule 21/2003, S. 11–13

WOTTRENG, STEPHAN: Handbuch Handlungkompetenz. Einführung in die Selbst-, Sozial- und Methodenkompetenz. Mit Illustrationen von Ruedi Lambert, Aarau: Sauerländer, 2., erw. und überarb. Auflage 2001

ZIMBARDO, PHILIP G.: Psychologie. Berlin/Heidelberg/New York: Springer, 7. Aufl. 1999